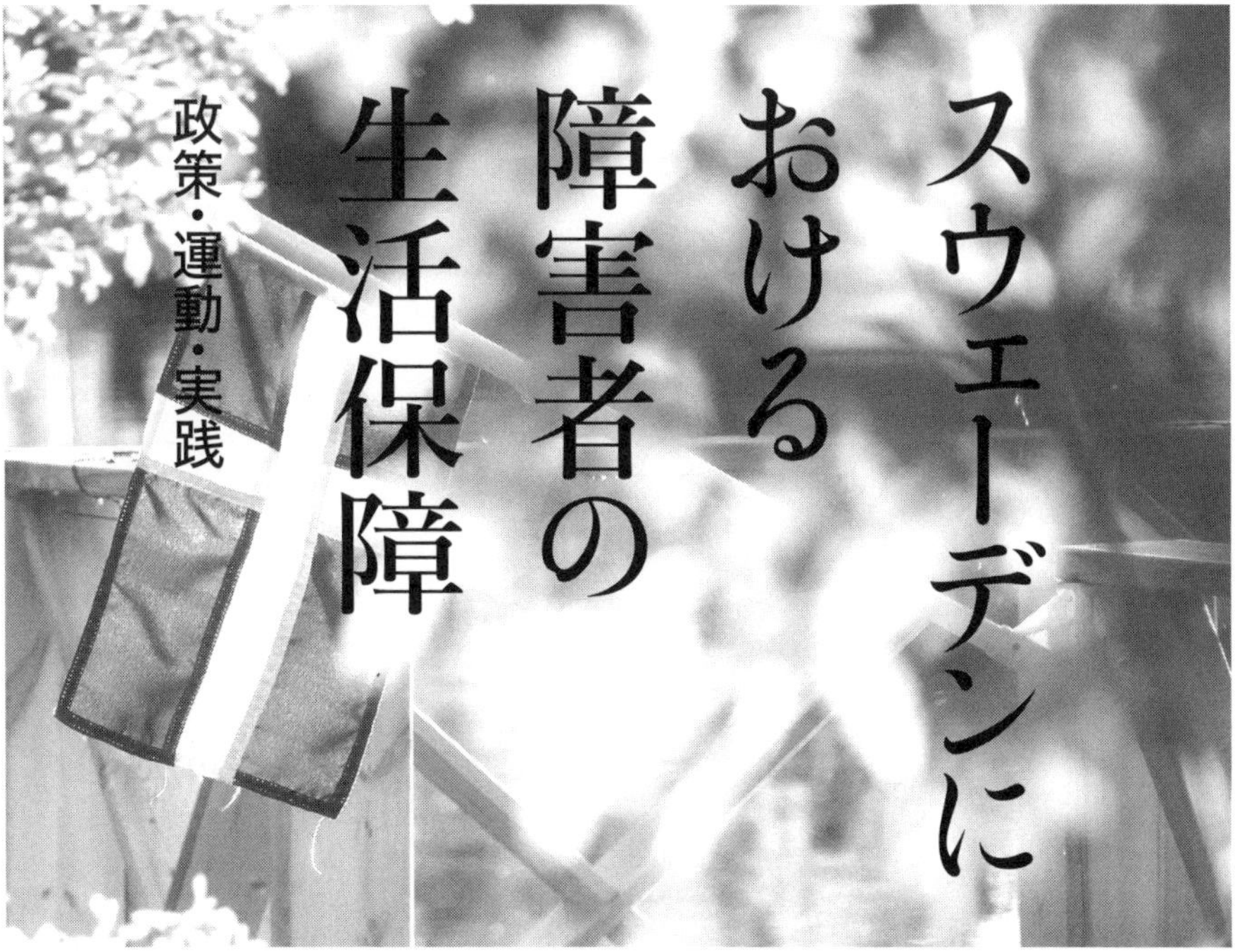

スウェーデンにおける障害者の生活保障

政策・運動・実践

清原　舞［著］

スウェーデンにおける障害者の生活保障
——政策・運動・実践

目　次

第4章　障害者の権利擁護運動
――スウェーデン全国知的障害者協会（ＦＵＢ）の活動

第5章　障害者の地域生活支援体制の構築に向けて
――スウェーデン・カールスタッド・コミューンにおける実践を手がかりに

序章

スウェーデンとの出会いと本書の構成

第1節　スウェーデンとの出会いと本書の目的

筆者とスウェーデンとの出会いは、二〇〇五年六月から二〇〇六年六月までスウェーデン南部の街ヴェクショー（地図参照）に留学したことから始まる。大学生の頃より、障害のある妹の影響もあり、北欧の社会福祉や障害者の生活に関心を持ち、大学の北欧研修でデンマークに三度渡航したこともあった。しかし、短期ではなく、一度どっぷりと北欧で生活をし、実際に自分自身の目で北欧社会を見て、誰もが幸福に見える社会を構築できる理由を知りたくなった。そして、念願のス

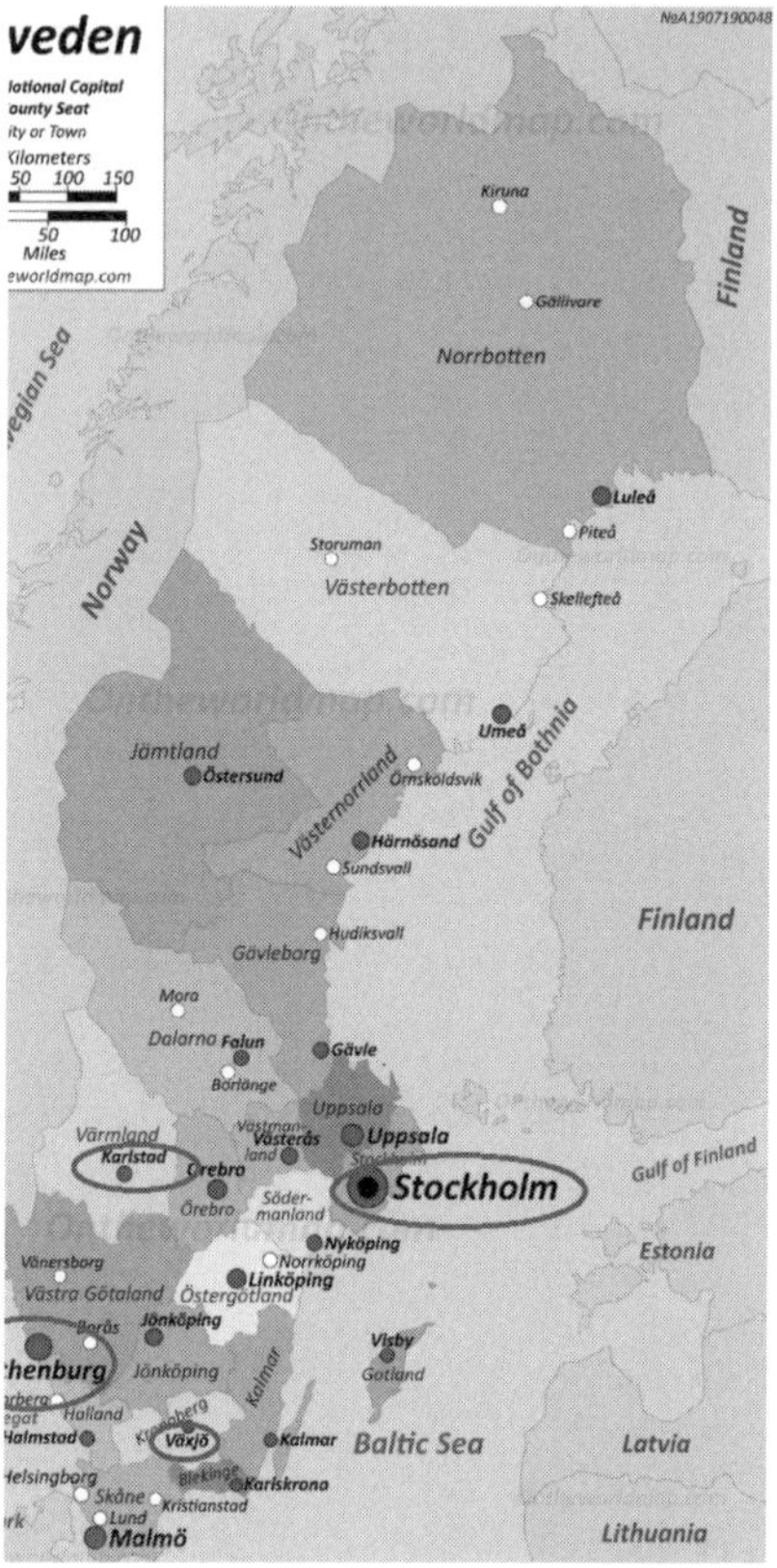

ウェーデン留学の機会を得、森と湖に囲まれた自然豊かな街で生活していた。そこで、筆者は厳しい自然を愉しむ人々の生活、誰もが自分自身の意見を述べ、耳を傾ける場があること、困ったときに、他人であっても手を差し伸べてくれるなど、日本ではなかなか味わうことのできない体験に驚きを隠せなかった。そして、留学での学びは、スウェーデンの社会福祉政策や社会福祉の施設見学、フィールドワークを通して、各自の母国と比較し、考察するということであり、世界各国から集まった留学生たちとそれぞれの国の現状や課題を議論することができた。

この学びや貴重な経験は、現在の筆者の研究の土台にもなったといえる。帰国後、留学前から少し繋がりのあったスウェーデン・カールスタッド大学社会科学科教員と二〇〇九年から学術交流を本格的に深めていくことになり、現在まで、カールスタットを中心とするヴェルムランド地方（写真）でのインタビュー調査や行政等の報告書、文献を通して政府の政策方針と現場での実践や当事者の生活に焦点を当て、研究を進めてきた。。地図上の位置的にはスウェーデン南部のヴェクショーとかなりの距離はあるが、カールスタッドの街は、留学先とほぼ同様の人口規模、大学街、環境でもあり、研究を進めやすかったともいえる。また、障害者の地域生活支援に他の都市と比べて、比較的重きを置いた社会福祉政策を展開していることも理由としてあげられる。

本書でも確認していくが、スウェーデンの障害者福祉政策を通してみると、現在の、「高福祉な国」として知られるまで、長い月日を歩んできたことがわかる。障害者は、大規模入所施設で生活することが当たり前であると考えられていた時代を経て、現在は、重度の障害者も地域で生活することが主流になっている。このような流れには、当然、当事者組織の働きかけが大きな影響を与えているといえる。また、一九九四年施行の機能障害者のための援助及びサービスに関する法律（Lag om stöd och service till vissa funktionshindrade：以下LSS法とする）により、障害者の権利を護り、障害者をひとりの人間として、地域で支援していく体制が整備されている。LSS法が施行されてから二〇年以上経つ現在、LSS法は「権利法」として障害者の生活を保障する重要な法律となっている。筆者がスウェーデンを訪れるたびに感じることは、「当事者」とは、保護される者ではなく、ひとりの人間として権利を勝ちとってきた姿でもあるということである。重度といわれる障害があっても、地域でいきいきと自分たちが望むままに生きるということが重要なのである。また、政策、現場での実践の端々に、社会福祉の理念である、「人間としての尊厳」を感じられる。

日本においては、一九六〇年代からスウェーデン社会に関しての研究が本格的になされ、福祉先進国としてスウェーデンの制度が紹介されるようになった。一方で、福祉国家批判が一九七〇年代後半の石油危機以降、大きくなり始めた。スウェーデンは、自殺率が高い国で、フリーセックスの国であり、スウェーデンのような大きな政府はいずれ経済が破綻するという批判がなされ、福祉国家見直し論が出てきた。一九九〇年代に入ってから、社会福祉政策・制度を社会の全体的なシステムに位置付けつつ把握しようとする総合的な研究が一層進展するとともに、社会福祉や医療などの現場での実践に焦点が合わせられた、政策・制度が現場でどのように実践され、活かされているのかを明らかにしようとする研究も活発化してきた。

しかし、管見するところ、スウェーデンにおける具体的な制度や実践、生活している当事者の姿は実際のところあまり知られていないように思う。そのため、本書では、当事者の権利に基づく制度の意義を確認しつつ、スウェーデンにおける障害者福祉政策の流れや理念というマクロレベルな視点と、福祉現場での実践や当事者団体の実践などのミクロレベルな視点からトータルに理解していくことを目的としたい。現在、日本でも当事者主体の支援や意思決定支援、そして、共生社会の実現へと舵をきったところである。しかし、一方で、障害者虐待はなくなることもなく、二〇一六年七月に起きた相模原事件[1]のように、「障害者は生きる価値もない」という考えもある。今まさに、「人間としての尊厳」を見つめなおす必要があるのではないだろうか。

ヴェルムランド地方の風景

本書は、主に、筆者のスウェーデン・ヴェルムランド地方における事例や実践（二〇〇九年～二〇一八年）を通して、当事者主体の支援や人間としての尊厳を見つめなおす契機となってほしい。そして、筆者がスウェーデンで出会った人々から感じた「人として生きる」ことの大切さと、スウェーデンを理想郷としてだけ捉えるのではなく、社会保障の財源、高齢化、福祉専門職の人材不足など日本と同様の課題を抱えている一つの国であるということも少しでも知ってもらいたい。「日本とは違う国」ではなく、その国が築いてきた歴史、社会、そしてそこで生活している人々から、同じ地球に生きる者として、見つめなおす機会となれば幸いである。そのために、僅かではあるが、写真からも、より多くの人に身近に感じてもらえればと願う。完璧な国は存在しないが、互いの国の歴史的背景や社会的背景を考慮しながら、スウェーデンの制度そのものを日本に輸入するのではなく、日本の現場で可能な実践とは何かを考えていく中で、今一度、社会福祉の基本的な理念を確認するとともに、当事者の可能性を探る支援とは何かをともに考えていきたい。

第2節　用語の整理

当事者

本書では、主に障害者本人を「当事者」と表現している。ここで、少しこの言葉に込めている意味を説明しておきたい。

中西と上野は、著書『当事者主権』(2003) の中で、当事者とは、「ニーズを持ったとき、人はだれでも当事者になる。ニーズを満たすのがサービスなら、当事者とはサービスのエンドユーザーのことである。だからニーズに応じて、人はだれでも当事者になる可能性を持っている。」としている。また、「当事者とは、『問題をかかえた人々』と同義ではない。問題を生み出す社会に適応してしまっては、ニーズは発生しない。ニーズ (必要) とは、欠乏や不足という意味から来ている。私の現在の状態を、こうあってほしい状態に対する不足ととらえて、そうではない新しい現実をつくりだそうとする構想力を持ったときに、はじめて自分のニーズとは何かがわかり、人は当事者になる。」と主張している。このことから、「当事者」は何らかの「ニーズを持った人」ということになる。「誰でもはじめから『当事者である』わけではない。この世の中では、現在の社会のしくみに合わないために『問題をかかえた』人々が、『当事者になる』。社会のしくみやルールが変われば、いま問題であることも問題でなくなる可能性があるから、問題は『ある』のではなく、『つくられる』。そう考えると、『問題をかかえた』人々とは、『問題をかかえさせられた』人々である、と言いかえても良い。」という上野らの主張から、障害者は、社会によって、専門家による専門的な支援の下、保護されるべき存在、弱者として考えられてきたことが窺える。また、「ニーズを持った人」が当事者であるならば、周囲の環境や社会的観念が変化し、基準や条件が異なると、「当事者」ではなくなる。このことから、当事者とは、サービス利用者のことではなく、何らかのニーズを持った主体的な存在であるといえる。つまり、〝障害当事者〟という言葉も、ただサービスを受け身に受けている人ではなく、自分自身で自分の人生を決め、主体的に生きる人であると考えられる。専門家によって決められた道を歩むのではなく、自らの人生を選択し、決定していくことが当事者であり、社会に変革をもたらすのが当事者運動でもあるといえる。そこで、本書では、上野らの定義から、支援やサービスをただ受け身で受けているだけではなく、主体的な存在であり、意思を持つ存在であるということを確認し、「当事者」を使う。

第3節　本書の構成

本書は、障害者の地域における生活保障のあり方について、それぞれ政策・制度、当事者運動、現場における実践という三つの視点から検討したものであり、序章、第1章から第7章、そして終章で構成されている。以下で、各章の要点を提示しよう。

第1章「日本におけるスウェーデン福祉研究の展開」においては、日本で行われてきたスウェーデン研究を整理し、時代ごとの研究の変化を跡づけることにより、筆者のスウェーデンの障害者福祉研究の位置づけを示したものである。なお、スウェーデン社会福祉研究史についてはこれまでにもまとめられたものがあるが、ここでは筆者独自の構成的視点を採用している。

まず、一九六〇年代から一九七〇年代にかけての日本でのスウェーデン社会福祉研究を概観する。この時期には、スウェーデンの社会保障制度を日本に紹介する研究が多く見られ、いわゆる、「胎内から天国まで」[2]といわれるスウェーデンの社会福祉をマクロの視点で捉えようとする研究が多く見られた。

次に、一九八〇年代から一九九〇年代の研究を整理する。一九九〇年頃からスウェーデンの社会福祉政策・制度にとどまらない、障害当事者や福祉現場に焦点を当てる研究が見られるようになった。当事者に目を向けることで、スウェーデンの社会福祉施設の現場の実態が明らかになり、日本の施設現場の改善や障害当事者組織活動の推進に、大きな影響を与えることになったのである。
最後に、二〇〇〇年以降の研究の主要なテーマについて概観し、政策・制度というマクロレベルの研究と現場での実践に焦点を当てたミクロレベルの研究という二つの大きな流れを見出すことができた。つまり、社会福祉政策・制度を社会の全体的なシステムに位置づけつつ把握しようとする総合的な研究と、現場で行われている実践、社会福祉の現場での実践に焦点が合わせられた研究の二つの流れを概観する。

第2章「二一世紀のスウェーデンの障害者福祉政策の方向性」では、二〇〇〇年にスウェーデン政府が策定した「障害者福祉政策のための国の行動計画」に焦点を当て、スウェーデン政府が確立してきた政策の総括と今後の方向性について概観し、論じている。この行動計画は、一九九三年に国連が採択した「障害者の機会均等化に関する基準規則」に基づき、策定されたものである。二〇〇〇年から二〇一〇年までの一〇年間で、障害者の完全参加、障害者間の男女平等、および差別のない社会の構築を目指し、そのために、政府が責任を持って公共交通機関、情報、メディア、教育、労働、社会サービス、文化などへの障害者のアクセスを容易にし、彼らの社会参加を保障しようとするものである。なお、行動計画については日本ではまだ十分に紹介されていないので、ここでは原資料に基づいて紹介している。そして、スウェーデン政府が障害者福祉政策についてどのような将来の方向性を描き出しているのかを検討し、その方向性に関わる主要な論点を明らかにする。また、障害者権利条約を受けて、近年の政府が示している方針についてまとめている。

第3章「スウェーデンにおける障害者福祉政策の歴史的展開」では、障害者の完全参加を実現するべく、さらなる取り組みを続けているスウェーデンの障害者福祉政策に焦点を当て、その歴史的展開を検討することを通して、障害者福祉政策の一層の充実に向け、これまでの政策がどのように改善されてきたのかを明らかにすることを目的とする。そのうえで、一九世紀から障害者の置かれていた状況を概観し、社会への完全参加の実現を達成するべく、現在のような仕組みに発展していったのかを明らかにする。

第4章「障害者の権利擁護運動――スウェーデン全国知的障害者協会（ＦＵＢ）の活動」では、スウェーデンの大規模な障害者団体の一つであるスウェーデン全国知的障害者協会（Riksförbundet För barn, unga och vuxna med utvecklingsstörning: ＦＵＢ。以下ＦＵＢと表記）の活動を手がかりに、知的障害者の権利擁護に向けた課題を検討する。筆者が二〇一〇年九月にストックホルムのＦＵＢ本部を訪れ、知的障害者の権利擁護を推進するためのＦＵＢの組織や活動について学んだことに基づいて、知的障害者の生活を保障するために必須である当事者の権利をどのように保障するのかを探究する。なお、ＦＵＢについては日本では十分に紹介されていないので、ここでは原資料とインタビューに基づいて紹介している。

第5章「障害者の地域生活支援体制の構築に向けて――スウェーデン・カールスタッド・コミューンにおける実践を手がかりに」では、ヴェルムランド地方カールスタッドの実践を中軸に、行政の支援体制について明らかにする。また、当事者の地域生活の事例を通して、当事者主体の地域生活支援の構築に向けての課題について検討する。

第6章「地域社会における当事者主体の障害者支援システム――スウェーデンのパーソナルアシスタンス制度とその課題」は、スウェーデンにおけるパーソナルアシスタンス制度に焦点を当て、障害者の地域生活支援のあり方を検討することである。LSS法施行後、障害者の生活は完全に地域へと移行しているスウェーデンにおいて、パーソナルアシスタンス制度は障害者の地域生活を支援する上で、必要不可欠な制度でもある。提供主体として、コミューン（スウェーデンの自治体単位で日本の市町村に当たる：以下、コミューンと表記）、民間、当事者組織、家族等があるが、コミューンと当事者組織に焦点を当て、それぞれの提供主体を利用する障害者の地域生活を検討する。また、筆者が二〇一六年と二〇一八年に訪れたスウェーデン・ヴェルムランド地方で、実際にパーソナルアシスタンス制度を利用している障害者のインタビューを通して、当事者主体の支援について考察する。

第7章「生活保障と生活支援――共生社会の実現に向けて」は、スウェーデンにおける障害者の地域生活を通して、日本における障害者の生活保障の課題を考察するとともに、障害者もひとりの市民として、サービスを受ける権利があるという基本的な原則や、地域で生活をするということの意義について検討を深めることにする。また、日本において共生社会の実現を可能にする仕組みについて、その課題と方向性を提示する。

なお、本書は、二〇一二年、桃山学院大学から学位授与された博士学位論文「スウェーデンの障害者福祉――政策・運動・実践」、及び二〇一六年から二〇一九年、桃山学院大学『社会学論集』で掲載された論文を修正し、現在の動向を加筆したものである。当時のスウェーデンの障害者福祉の方針から現在に至るまで、読み解いていただければと願う。

■注

1　二〇一六年七月相模原市の障害者施設「津久井やまゆり園」で、入所者一九人が殺害され二六人が重軽傷を負った。

2　一番ヶ瀬康子・小野寺百合子（1968），p16

第1章

日本におけるスウェーデン福祉研究の展開

前章で述べたように、日本におけるスウェーデン研究は、一九六〇年代から本格化し始めた。日本の社会保障政策において、年金制度やノーマライゼーション理念は、スウェーデンの制度を参考にしてきたといえるであろう。

そこで本章では、今まで行われてきたスウェーデン研究を整理し、時代ごとの研究の変化を跡づけることによって、筆者のスウェーデンの障害者福祉研究の位置づけを明確にしておきたい。

第1節　六〇年代・七〇年代

日本におけるスウェーデン福祉研究のはじまりは、一九六〇年代になる。現国立社会保障・人口問題研究所の前身である社会保障研究所が、『季刊社会保障研究』を一九六五年に刊行した。その雑誌に一九六六年に掲載された一番ヶ瀬康子・小野寺百合子「スウェーデン社会福祉発達史素描」は、「スウェーデンで意味する社会福祉が、いかなる歴史段階をへて、どのような条件と理由のもとに、今日の状況にいたったかを明らかにし」ていくために、スウェーデンにおける社会福祉の歴史を紹介した。その中で、今後、スウェーデンの福祉を研究するにあたり、参考になる英語の文献をいくつかあげているが、「より深い考察のためには当然、スウェーデン語で書かれたスウェーデン人自体の研究書に目をむける必要がある。」と指摘している[1]。

次いで、一番ヶ瀬・小野寺は『スウェーデンの社会福祉』（全国社会福祉協議会、一九六八年）を刊行した。まず、一番ヶ瀬は以下のように語る。

「スウェーデンという国について、私ども日本人の印象は、きわめて多種多様である。」「私たち日本人は、外国のことについては、ともすればバラ色に描いて一辺倒になるか、全面的に否定して排他的になるかの両極端に走りやすいきらいがある。それは、島国であり、また長い『鎖国』の歴史を経てきた国民として止むをえない面もあっただろうが、開国してすでに百数十年、しかも交通機関はいちじるしく発達して、世界がせまくなったこんにち、それが、いつまでも許されていいことではない。また、日本の正しい進歩・発展のために、それくらい、マイナスになることはないと考える。

その意味で、私たち著者二人は、まずスウェーデンに住み、また見学してきた者として、そこでの印象・経験・資料を尊重し、それをありのままに理解しようと考えた。そして私たちと同じように、スウェーデンの社会福祉に興味・関心をもってスウェーデンに居住し、また見学してきた経験のある友人とのいわば『対話』をこころみ、そのなかで『真実』を厳しくみつめることに努力した。」「スウェーデン語で書かれた、もっとも代表的な社会福祉の概説書を基本文献として、さらに諸資料でこれを補充し、『胎内から天国まで』といわれているスウェーデン社会福祉を系統的に描いてみた。と同時に、一方で私たちは、社会福祉をひとつの理念、あるいはイデオロギーとしてとらえるのではなく、歴史的現実体すなわち、『社会制度』として考えようと努めてきた。その場合、私どもが念頭においてきたことは、日本の社会福祉と比較する場合の共通因子を、いいかえれば、いかなる国においても、制度としての社会福祉を構成する場合の内在的構成因子を、何におけばいいのか、ということをふまえての考察をしたいということであった。」

これらの視点から、スウェーデンの社会福祉の歴史と制度体系を概観したのである[2]。

また小野寺は、同書の中で、スウェーデンの社会保障の性格について、以下のように述べている。すなわち、①普遍均一の原則の成功、②普遍均一の原則で漏れ落ちてしまう人々を国が補助して、標準的な生活レベルに近づけようとする「補助の制度」、③一九五五年の義務健康保険のうちの傷病手当や、一九六〇年の付加年金制度にみられる「付加の制度」、④少数グループに対する配慮である[3]。

なお、一九六七年に福祉国家スウェーデンの政治、経済、社会などの諸側面およびその全体像を学問的に明らかにしていくことを目的として、スウェーデン社会研究所が設立されていたが、一九七一年に一般読者向けにスウェーデンの制度・政策を紹介した入門書『スウェーデン――自由と福祉の国』（芸林書房、一九七一年）を刊行した。その中で、高須裕三は第5章「社会保障」において、スウェーデンの社会保障の基本的特質を次のように強調している。

「福祉国家というものは、資本主義と社会主義とのそれぞれの長所をとり、短所を捨てた混血児であり、また歴史的に見て『中世』社会と『近代』社会とのそれぞれの長短を取捨した統一体制である、といえよう。すなわち福祉国家とは、『中道をゆく』ものなのである。

その線でもっとも模範的な展開をとげてきた国がスウェーデンであると思われる。一九三〇年代の世界不況は、資本主義諸国に失業その他の深刻な社会問題を引き起こし、各国ともこの時期に社会保障の前駆形態としての保護立法を行ない、対処療法につとめたのであるが、スウェーデンは世界史の動向を的確に把握し、諸国に先駆けて、経済・政治・社会の諸局面にわたって福祉国家ないしは福祉社会への道を、前向きに着実に歩んできたのである。（中略）たとえばこの国の歴史的伝統の一面として、『国家』と『個人』との中道としての、また『中世』と『近代』との統一としての、『地域社会』や『地方自治』の充実が挙げられるが、この国の医療制度の基本的特徴としても、地方自治体が運営の中心となっていることが挙げられる。また義務教育の学校運営の主体も、戦後、制度改革の初期における国家中心のあり方は、いまや地方自治体中心へと、その大幅な肩代りが進んでいる。

さらにスウェーデンは、消費者協同組合、住宅協同組合が社会保障の有力な一つの担い手として、地域的な福祉活動に貢献していることを見逃してはならない。消費組合は、年度末に売上代金の三%を消費者に割戻しするが、そのうち一%は積立てて老後年金としている所が少なくない。住宅協同組合は、近年、年間の住宅新築戸数の三割を建て、中央・地方政府の占める比率にほぼ匹敵する実績をあげている。

こうしてこの段階でスウェーデン社会保障を見るならば、かつて『福祉国家の第一段階』であった一九五〇年代の国家機能第一主義時代が止揚され、国家と併存して企業とか協同組合とかいう経済・社会的な機能が生活保障を分担する方向に強く動いているといえよう。それは『福祉国家の第二段階』(一九六〇年代)であり、そこでは『福祉国家から福祉社会へ』という動向が示されているといえるであろう。

自治体とか地域社会とかは、住民・市民からの『下からの』創意活動の盛り上りを体質的一線とするものであり、ここにスウェーデン福祉国家が、イギリスのそれと異って、動脈硬化しない秘鍵がある。」[4]

一九七二年、『季刊社会保障研』第七巻四号(社会保障研究所)の中で、小野寺百合子は、「スウェーデンのホームヘルパー制度」と題し、スウェーデンのホームヘルパー制度について紹介している。

「北欧五カ国は、社会保障の関係においてもだいたい同じくらいのレベルで歩調を揃えて発展しているが、やはりそれぞれの特徴があり、重点をおいている制度にもいくらかの差がある。ホームヘルパー制度はスウェーデンの特徴の一つであって、世界的にみてもこの国はよく組織化され優秀であると評価されている。(中略)スウェーデンのホームヘルプ事業は当初からひとつの職業人として、それで自活できるだけの教育を施されたホームヘルパーによって発足している。ヘルパーは経営者との間に年間雇用契約を結び、技術労働者としての身分をもって労働していることが評価されているのである。」

として、ホームヘルプ事業の歴史、現状、ホームヘルパー養成教育の内容、労働条件などを詳しく整理している。このホームヘルパー養成教育システムは、現在の日本のヘルパー養成講座（介護職員初任者研修講座）などと比較しても、はるかに専門性が高いものであった[5]。

一九七四年、川口弘がスウェーデン滞在中に、日本に書き送った「ストックホルム通信」を基に福祉国家スウェーデンを考察した『福祉国家の光と影』（日本経済評論社）を刊行した。川口はスウェーデンの社会保障制度を紹介しながら、福祉国家スウェーデンについて、

「わたしにはもう一つの『光り』と『影』という考えがあった。『福祉国家』といわれる体制には二つの面がある。資本主義の諸矛盾がもたらした生活破壊への庶民の抵抗が、支配階級から勝ち取った一定の譲歩としての、社会保障の充実、教育の機会均等の確立、議会制民主主義の条件としての比例代表選挙制などは、不十分さはあるにしても、『光り』の部分と考えてよいだろう。『税制』には『光り』の部分もあるが、予想外に資本家との妥協としての『影』の性格が強いように感じら

れた。つまり、資本家側が一定の譲歩のみせかけのもとに、いっそう強固な支配体制を確立する手段としての『福祉国家』はいわば『影』である。体制側の看板としての『福祉国家』概念の主要な側面は『影』であるとしても、それを一面化して『光り』の側面の存在を無視することは誤りではないだろうか。

現にわれわれ庶民は、生活の基盤を根底から揺さぶられている。好むと好まざるとにかかわらず、インフレ阻止と社会保障充実、公害防除と環境保全を要求して闘わなければならないのである。革新政権が樹立されれば、その第一の任務はまさに、『福祉国家』の『光り』の部分の強力な推進なのである。

もちろん、『影』の側面を見落として、『福祉国家』を最終的な『理想国家』とみなしてはならない。その場合には、一度勝ちとった『光り』の部分の維持でさえ、やがておぼつかなくなるであろうからである。」

と、福祉国家スウェーデンの長所と短所を総合的に捉える必要性を指摘した[6]。

第2節　八〇年代・九〇年代

小野寺はさらに一九八一年、『季刊社会保障研究』第一七巻三号の「スウェーデンの老人福祉―平等政策の一環として」において、

「スウェーデンの社会福祉施策は、一九四五年の第二次世界大戦の終了とともに発展方向に向かった。大戦中は国の周囲を交戦国と被占領国に取り囲まれながら、スウェーデンが辛うじて武装中立を全うするためには、国民は莫大な軍事費を負担しなければならなかった。終戦とともに、その分を減税か社会福祉費充当かの岐路に立った。スウェーデンは社会福祉充実の方の路を選び、それから社会福祉政策発展が始まったのである。しかしこれは表に現れたところであって、この時期にスウェーデンの社会福祉がパッと花開くだけの準備は、一九三〇年代にでき上がっていたことを見逃してはならない。」

と指摘した[7]。小野寺のこの論文が発表されたとき、スウェーデンにおいて、一九八〇年代から福祉政策に関する改革が始まろうとしており、社会福祉政策の基本法ともいうべき社会サービス法[8]

が成立しようとしていた。小野寺は、成立しようとしていた社会サービス法案について、

「法律は大枠をもって社会サービスの目標を示し、活動の方向と意図を指示し、社会福祉運営の責任は従来より拡大してコミューンに任せられることになる。そのためにコミューンは従来の児童・児童ケア・公的扶助・禁酒の各委員会（またはところによっては中央福祉委員会）を統合して社会サービス委員会一本を持つことになり、在住住民に必要な支援と援助の究極責任が一層強化される。また同時に統合化のアイディア、すなわち社会サービス以外の部門、たとえば医療（州責任）とか犯罪（国家責任）などとの協力もコミューンの任務として挙げられる。社会サービス全般の方針としては、民主主義と平等、連帯と保障の四カ条が挙げられ、これが社会サービス法の中ではあらゆるレベルで主張されている。法案の第一条で社会サービスの目的として『生活条件の面では平等』と明示されている。」

とし、スウェーデンの社会福祉政策の新たな方向性について明らかにした[9]。

一九八六年には、社会保障研究所が研究プロジェクトとして、「スウェーデンの社会保障」に関する研究会を一三回行った。その成果をまとめたものが、一九八七年の『スウェーデンの社会保障』（社会保障研究所編、東京大学出版会）である。そこでは、主として経済学的視点に基づいて、ス

ウェーデンの社会保障の背景、社会保障の歴史、さまざまな所得保障制度、医療保障と社会サービスを概観している。そして丸尾直美、城戸喜子らは、同書の最後に、スウェーデンの社会保障制度について、次の五点を指摘している。第一に、スウェーデンは一つの理想を、現実と調和させる方法を探りつつ実現しようとしている実験国であるということ、第二に、現実との調和を図りながら理想を実現してゆこうとの努力は、必然的に合理的な計画性を要求し、また、国民生活の諸側面に関わる包括的で有機的に連携した福祉諸制度の段階的な構築へと導くこと、第三に、スウェーデンでは、他の資本主義国に比べて所得保障の場合でもサービス保障の場合でも、公的制度による普遍的供給部分の比重が高く、民間企業、民間非営利団体およびインフォーマル部門による福祉供給の比重が低いこと、第四に、スウェーデン国民の一人ひとりが、その生涯の各段階において、通常の（ノーマルな）生活を送ることへの脅威や障害あるいは不安を、社会的な装置によってできる限り取り除き予防し、安定した生活ができるようになっていること、最後に、スウェーデンにおける社会保障の各制度が、国民の間によく浸透し定着していることである[10]。

一九九〇年代以降になると、社会福祉政策・制度を社会の全体的なシステムに位置づけつつ把握しようとする総合的な研究が一層進展するとともに、社会福祉の現場での実践に焦点が合わせられた。政策・制度が現場でどのように実践され、活かされているのかを明らかにしようとする研究が活発化してきた。

一九九〇年、外山義が、『クリッパンの老人たち――スウェーデンの高齢者ケア』（ドメス出版）を刊行した。外山は、スウェーデン南部の町、クリッパンで、老人ホームの一室を借りて、日中は八〇歳以上の高齢者の自宅を訪ね、彼らの生活環境、サービス状況、生活の自立度を調査していた。同書は、高齢者とのインタビューも交え、スウェーデンの高齢者ケアやコミューンの住宅政策を詳しく紹介し、「スウェーデンにおいては、住宅政策は総合的な福祉政策のなかの一つの柱として占めており、良質な住宅・住環境をえることは、教育を受ける権利や、医療保障を受ける権利と同様、社会的権利の項目の一つに数えられている。」ことを指摘している。なお、外山は、建築学専門で、一九八二年スウェーデン王立工科大学建築機能分析研究所で高齢者住環境をテーマに研究を進め、日本でもスウェーデンの施設環境を取り入れた高齢者施設を設計した[11]。

一九九一年、岡沢憲芙は『スウェーデンの挑戦』（岩波新書）で、スウェーデンの社会を政治的視点から分析している。スウェーデン・モデルで強調される価値を①自由、②平等、③機会均等、④平和、⑤安全、⑥安心感、⑦連帯感・協同、⑧公正の八点にまとめ、それらがスウェーデン型福祉社会を導いていることを指摘している[12]。また、スウェーデンの福祉政策について、

「施設や個別施策の充実度を数的に検証しながら到達度を測定する段階をすでに超えている。重要なポイントは、『どこまで、誰にまで射程を拡大しているか』である。活用できる資源の量や既得権

の大きさから伝統的に有利な地位にある人びとへの権力の集中を排除し、社会的弱者や少数者の生活基盤を整備することが福祉社会の究極的目標である。」

と述べ、マイノリティの生活を保障することこそが福祉充実度を測定する指標になりうることを強調している[13]。岡沢のように、政治学的視点から、なぜ福祉国家としてスウェーデンが発展してきたのかを理解しようと努めることは、日本の福祉国家・福祉社会を充実させ、発展させるための全体的・総合的な視点の確立におおいに貢献したと思われる。

一九九一年、訓覇法子は自身の体験に基づく『スウェーデン人はいま幸せか』（日本放送出版協会）を刊行した。スウェーデンでの生活を基に、スウェーデン社会の実態を日本に紹介したものである。訓覇は、スウェーデンの社会福祉の理念について、スウェーデン政府の「未来研究」審議会委託による「社会福祉プロジェクト」の最終報告書に書かれた全文の冒頭の

「Omsorg（オムソーリ）とは、本来、（誰かのことを）気にかける、あるいは悲しみを分かち合うとか、（お互いに）かばい合う、あるいは面倒をみるということを意味する。この言葉は、日常の人々の相互のかかわり合いの中から社会の〝ケア組織〟が与える病人、弱者、危険にさらされた人のための看護、介抱、養護、さらに児童手当から年金まで、人生の異なった各々の時期に社会が再

分配する経済的保障までを包括するものである」に触れ、スウェーデンの社会福祉概念が日本のそれよりも、非常に広い意味で考えられていることを指摘している[14]。

一九九二年、河東田博は『スウェーデンの知的しょうがい者とノーマライゼーション――当事者参加・参画の論理』（現代書館）で、スウェーデンの知的障害者福祉政策に焦点を当て、障害当事者へのインタビューや当事者組織・全国知的障害者協会（ＦＵＢ）[15]の活動を通して、これまであまり焦点が当てられてこなかった国の知的障害者に対する入所施設への隔離政策や、施設解体に向けての取り組みを記している。「スウェーデンが独自の社会政策をもち、社会が責任をもって社会福祉政策の実現に努力し、一定の成果をあげてきた」とし、それらは「一夜のうちに出来上がったものではない」と位置づけている。当事者に目を向けることで、スウェーデンの社会福祉施設現場の実態が明らかになり、日本の施設現場の改善や障害当事者組織活動の推進に、大きな影響を与えることになったと思われる[16]。

一九九三年、藤岡純一らが『スウェーデンの生活者社会――地方自治と生活の権利』（青木書店）を刊行した。藤岡は、「生活の権利と質の向上が、人々に身近な社会サービスによって保障されている社会」を「生活者社会」と名づけ、スウェーデンの地方分権化と地方自治体のサービスによって人々の生活の権利がいかに保障されているのかを、労働、教育、福祉、住宅、環境の各分野で紹介している[17]。

「スウェーデンの福祉を四つの特徴をもつものとしてとらえている。①個々人の発達を保障する福祉、②ほとんどすべての国民が恩恵をこうむる普遍的な福祉、③働きやすい環境と一体になった福祉、④権限と財源を住民の身近な地方に委譲しつつある福祉、である。だが、本書では、単に福祉の水準のみを問題にするのではない。福祉、労働、教育、住宅と住環境を含め、公的サービスが住民の身近で行われ参加の保障のある、住民生活の質、住民の生活権を問題にしている」[18]。

一九九四年には、斎藤弥生・山井和則『スウェーデン発高齢社会と地方分権——福祉の主役は市町村』（ミネルヴァ書房）が刊行された。スウェーデンを「政治大国」と位置づけ、「国民が積極的に政治に関与し、自分の時間と労力を使い、生活者主権の国を築き上げた」とした[19]。社会福祉サービスの権限が市町村へ委譲され、地方分権化が進展していたスウェーデンにおける地方分権の理念について次のように述べている。

「社会福祉サービス、義務教育、保育、環境、文化、住宅政策など市民の身の回りに直接関係する諸課題は、基本政策を除いてほとんどすべて市の権限で行われている。」

また、斎藤・山井は、スウェーデンの政治と国民の生活の密着度を指摘し、日本との大きな違いであるとしている[20]。一九九四年に高齢社会となり、高齢者福祉対策に真剣に取り組まなければならなくなった日本において、タイムリーな著書であったといえる。

一九九七年、前述の『スウェーデン人はいま幸せか』の訓覇は、高齢者福祉に焦点を当て、『現地から伝えるスウェーデンの高齢者ケア――高齢者を支える民主主義の土壌』（自治体研究社）で、一九九二年にスウェーデンで行われたエーデル改革[21]とその後の高齢者福祉政策、スウェーデン社会における価値観について総括している。エーデル改革とは、Ädelreformen（高貴な改革）ということで、高齢者委員会を意味するÄldredelegationenの頭文字をとり、命名された。それまでのランスティング（スウェーデンの自治単位で日本の都道府県に当たる。以下、ランスティングと表記：筆者加筆）主体の運営方式から福祉と、医療の一部の権限をコミューンに委譲するという仕組みに改革されたのである。

以上のように、総合的な研究と、福祉現場の実践に根ざした研究の二つの動きの中で、さらに、社会福祉に関する法律そのものを紹介する研究が発展してきた。

一九九七年、馬場寛・加藤彰彦らが、『スウェーデンの社会サービス法／ＬＳＳ法』（樹芸書房）で、社会サービス法と一九九四年施行されたＬＳＳ法（Lag om stöd och service till vissa funktionshindrade）[22]を翻訳した。ＬＳＳ法は、一九八六年に施行された知的障害者等特別援護法（新援護法）[23]を発展させ、社会サービス法の補足法として成立したものである。加藤は、ＬＳＳ法のもう一つの視点をこう指摘している。

「障害者の入院や施設入所をなくしていこうという発想である。ノーマライゼーションの徹底は、障害の有無にかかわらず、自分の生活圏で暮らすことができ、働けて余暇を楽しむことができなければならないということになる。スウェーデンでは、明確に『入所施設』を解体し、地域で誰もが暮らせるシステムを目指している。（中略）こうしてスウェーデンの社会サービスの推移を追ってくると、生活における基礎的な問題としての住宅環境の保障、年金・経済生活の安定を踏まえて、その上に現在、社会サービスの分野を進めているという堅実さがある。」[24]

一九九七年の高島昌二『スウェーデンの家族・福祉・国家』（ミネルヴァ書房）は、スウェーデンの特に一九九〇年代の制度を中心に紹介しながら、比較研究について次のように指摘している。

「スウェーデンの福祉制度が良いからといって、それをそのまま日本に移植すべきではない。人口の違い、文化の違い、それらは単純に比較できないものである。スウェーデンの福祉制度を採用する場合でも、良いところを日本的条件の下で改変しながら採用することである。」[25]

スウェーデンの福祉制度を実際に日本で取り入れていくことを考えるとき、高島が指摘するように、日本の家族・地域社会・文化の概念とスウェーデンの家族・地域社会・文化の概念との違い、社会全体の歴史的背景などを考慮していくことは必須であろう。

前述の『スウェーデンの生活者社会——地方自治と生活の権利』（一九九三年）で、スウェーデンの障害児教育や教育システムについて紹介した二文字理明は、「障害者政策に関する一九八九年委員会」の主要報告書、ＬＳＳ法、ＬＡＳＳ法（Lag om assistansersättning= 介護手当に関する法律、一九九四年施行。以下、ＬＡＳＳ法とする）[26]、ハンディキャップ・オンブズマンに関する法律[27]などの障害者福祉に関する主な法令を翻訳した。それが『スウェーデンの障害者政策［法律・報告書］——二一世紀への福祉改革の思想』（現代書館、一九九八年）である。その中で、ＬＳＳ法、ＬＡＳＳ法について、

「障害者の自立生活に不可欠な介護を中心に、障害者に必要な援助およびサービスの内容を具体化し、これに対するコミューンや県の責任を明確化したものである。とりわけ、介護手当に対する公

費助成を確立した点は画期的である。（中略）また、障害者の自己決定の原則に基づき、障害者本人が介護者を雇用できるシステムが作られた。介護者をコミューンから派遣してもらいサービスを受けるという、従来からの方法と並んで、介護者を自ら雇用し、コミューンまたは、地方社会保険事務所から経費助成を受ける制度が確立した。」

としている[28]。

一九九八年には、中村優一・一番ヶ瀬康子らが編集した『世界の社会福祉』シリーズ（旬報社）の第一巻として『スウェーデン・フィンランド』が刊行された。スウェーデンについては、前述の訓覇法子と藤岡純一が執筆し、スウェーデンの社会福祉の現状、展開、制度全般を概観し、さらに社会サービス法、ハンディキャップ・オンブズマン法、児童オンブズマン法の法律を紹介している。

第3節　二〇〇〇年以降

二〇〇二年に二文字理明・伊藤正純が編集した『スウェーデンにみる個性重視社会——生活のセーフティネット』（桜井書店）は、スウェーデンの福祉、教育、環境、労働などの分野での制度・政策を紹介している。スウェーデン社会を考察するとき、福祉という視点からだけで捉えるのではなく、教育、環境、労働というさまざまな視点からもみることによって、諸領域が連動して、社会が成り立っていることが把握できよう。

百瀬優は、二〇〇四年の「スウェーデンの障害年金改革について」（早稲田大学商学研究科紀要第五八巻）、二〇〇六年の「欧米諸国における障害給付改革――障害年金を中心に」（大原社会問題研究所雑誌No.570）において、スウェーデン、アメリカ、ドイツの障害年金制度改革について比較研究を行った。特にスウェーデンで行われた一九九八年の年金改革の動向を整理して、日本においても「スウェーデンのように、障害年金の中にも彼らが受動的な受給者とならずに、社会的活動や労働市場に参加していくことを奨励する仕組みを作ることが検討に値する」と指摘している[29]。

二〇〇五年、猿田正機らが、日本におけるスウェーデンについての研究の現状を総合的に把握するために、『日本におけるスウェーデン研究』（ミネルヴァ書房）を刊行し、教育、産業、労働、ジェンダー、移民、福祉等のさまざまな分野での研究を取り上げた。猿田は、序章において、

「福祉国家・スウェーデンは社会福祉のみならず環境、平和や年金問題の先進国として日本のマスコミでも比較的よく取り上げられる。しかし、個別分野に限って取り上げられることが多く、しかも、その部分的評価はきわめて高いと言ってよい。だが、社会システムを全体としてマスコミが取り上げることが全くないと言ってよいほどない。それどころか、あまりに違いすぎて参考にならな

いという声もよく聞かれる。（中略）しかし、その現実を直視し、学ぶことからしか日本の将来はみえてこないのではないだろうか。あらゆる面で困難に遭遇している日本という国を、より人間的な国へと質的転換をはかるためには、スウェーデンは大いに学ばなければならない国の一つであることは強調してよいだろう。」

と、スウェーデン研究の意義を主張している[30]。

九〇年代に『スウェーデンの知的しょうがい者とノーマライゼーション――当事者参加・参画の論理』を刊行した河東田博は、二〇〇六年の『福祉先進国に学ぶしょうがい者政策と当事者参画――地域移行、本人支援、地域生活支援国際フォーラムからのメッセージ――』（現代書館）において、立教大学で行われたオーストラリア、オランダ、スウェーデン、日本の知的障害者、支援者、研究者等によるシンポジウムの報告とスウェーデンにおける当事者組織の紹介を行っている。

次いで、二〇〇七年の『福祉先進国における脱施設化と地域生活支援』（現代書館）では、日本、オランダ、ノルウェー、オーストラリアにおける脱施設化に関するインタビュー調査とスウェーデン、アメリカの事例研究を基に、日本における障害者の地域移行の促進の課題を提起した。二〇〇五年に日本では障害者自立支援法が可決され、翌年一〇月から完全施行されたが、「地域に移行した障害のある人たちに対して適切なサポートがなければ、〝再施設化〟になる可能性がある」と河東田は指摘し、地域移行は適切なサポートなしには実現しないと注意を喚起した[31]。

二〇〇九年の『ノーマライゼーション原理とは何か――人権と共生の原理の探究』（現代書館）で、ノーマライゼーションが世界に広がる以前の一九四六年のスウェーデンにおいて、実際に法律に具現化されることはなかったが、すでにスウェーデン社会庁の報告書にこの原理が盛り込まれていたことに河東田は注目している。また、障害当事者の声を通して、スウェーデンの入所施設の実態を明らかにしたヤンネ・ラーションらの『スウェーデンにおける施設解体――地域で自分らしく生きる』（現代書館、二〇〇〇年）を、河東田は紹介した。施設解体に際しての当事者、家族、職員の不安や喜びなどの気持ちの変化を理解することは、スウェーデンに限らず、日本においても共通であり、地域移行政策の可能性を探求する上で、重要なものになると思われる。

さらに、二〇一三年の『脱施設化と地域生活支援――スウェーデンと日本』（現代書館）において河東田は、スウェーデンにおける障害者福祉政策の近年の状況を踏まえ、日本における脱施設化の鍵となる点について示している。そこで、

「インクルージョン社会の実現や一人ひとりにあった支援を実現させるときの鍵となるのが、日本の法制度には盛り込まれていない『パーソナルアシスタンス制度』や『成年後見制度』『コンタクトパーソン制度』であり、障害者基本法に取り入れられたが十分に機能していない『しょうがい者の

政策立案への参画』である。また、しょうがいしゃ差別禁止を求める法の制定だけでなく、社会的弱者と言われる人たち全てを包含できるような『差別禁止法』の制定にも思いを馳せておく必要があるような気がする。」

としている[32]。

前述の『スウェーデンの家族・福祉・国家』の高島昌二は、二〇〇一年『スウェーデンの社会福祉』(ミネルヴァ書房)で、特にスウェーデンの社会保障関連法を、①所得保障を維持するための「国民保険法」(医療保険、疾病休業給付金、両親保険、国民基礎年金、国民付加年金、早期退職年金)、在職部分年金法、労働災害保険法、②児童手当とケア・サービスを担当する「社会サービス法」(一九八二年、公的扶助、児童ケア、高齢者ケア、障害者ケア、アルコール・薬物常習ケア等)、③「知的障害者ケア法[33]」(一九九四年一月、「障害者支援・サービス法[34]」に改正)、④保健医療を担当する「保健・医療サービス法[35]」(一九八三年)の四つに大別し、それらの体系的関連性を明らかにした[36]。

さらに二〇〇七年の『スウェーデン社会福祉入門――スウェーデンの福祉と社会を理解するために』(晃洋書房)において、特に二〇〇〇年以降の社会福祉制度、北欧福祉国家モデルについて、その全体像を描き、「高齢化社会、高齢社会、超高齢社会への対応を巡ってスウェーデンの場合は、エーデル改革や国家行動計画を見るように、基本的な方針を建てて問題に取り組む姿勢を崩していない」と指摘している[37]。

二〇一六年、『スウェーデン・モデル——グローバリゼーション・揺らぎ・挑戦』（彩流社）の中の「第6章　障害者環境」において、是永かな子は、今後のスウェーデンにおける障害者福祉政策の動向として、自己決定や参加、インクルージョンが重視されている点について指摘しており、ますますその傾向が強くなるといえる[38]。

以上、スウェーデン研究の流れを整理することによって、福祉政策・制度を社会全体のシステムの中に位置づけつつ把握しようとするマクロレベルの視点からの研究と、現場実践に基づくミクロレベルの視点からの研究という二つの大きな流れを見出すことができたが、それは学術研究にとどまらず、ジャーナリズムにおいても同様であることを最後に示しておこう。

朝日新聞に二〇〇七年一〇月三〇日から一一月四日まで連載された「患者を生きる」では、スウェーデンの認知症対策について取材を行っている。「認知症介護の現場でスウェーデンと日本の大きな違いは、ゆったりとした雰囲気だと感じた。」と記者は述べているが、一方で、「ストックホルムなどでは、施設運営の民間委託も増加している。給与の安い介護職は人気がない。外国から移住して間もない人が増え、スウェーデン語しか話せない高齢者と会話できない職員もいる。」という課題もあると指摘している[39]。

二〇〇八年、週刊東洋経済が、「北欧はここまでやる。」と題し、特集を組んだ。高齢者ケア、雇用対策、年金改革、少子化、医療、大学改革、教育、男女参画で北欧四カ国がどのように取り組んできたのかを取材している。少子高齢化、経済問題など日本が抱えている問題について福祉先進国といわれる北欧四カ国が対応してきた政策を紹介し、幅広い層に問題意識を投げかけることは意義があったと思われる。「英米型モデルが改革への唯一の道ではない。むろん北欧型の路線についても同じことがいえる。日本は、世界各国の最善の方法の中から最良のものを見出し、選び取る必要がある。必要なのは、日本モデルに新しい活力を吹き込むことだ。」と提言している。

以上のように、日本において、スウェーデン福祉研究を進め、社会福祉政策に活かしていくためには、高島昌二が指摘したように、スウェーデンの福祉制度を日本にそのまま移植するのではなく、スウェーデンと日本の歴史背景、社会、文化の違いを必ず考慮しなければならない。また河東田博の研究のように、当事者の声や現場での声を拾い上げ、政策・制度が現場で実際にどのように実践されているのかを明らかにしていくことが重要になってくるのではないだろうか。

本章では、社会福祉政策・制度を社会の全体的なシステムに位置づけつつ把握しようとする総合的な研究と、現場で行われている実践、社会福祉の現場での実践に焦点が合わせられた研究との二つの流れを確認してきた。そして、本書では、政策・制度からみる視点と現場での実践面、さらに第４章で示す政策・制度と現場の実践を媒介する位置にある当事者運動について取り上げ、その全体像を示していきたい。

■注

1 一番ヶ瀬康子・小野寺百合子（1966），pp34-35.
2 一番ヶ瀬康子・小野寺百合子（1968），pp14-16.
3 一番ヶ瀬康子・小野寺百合子（1968），pp145-148.
4 スウェーデン社会研究所編（1971），pp193-194.
5 小野寺百合子（1972），p64.
6 川口弘（1974），pp324-325.
7 小野寺百合子（1981），p264.
8 社会サービス法の内容については、第3章で詳述。
9 小野寺百合子（1981），pp.266-267.
10 社会保障研究所編（1987），pp319-321.
11 外山義（1990），pp107-108.
12 岡沢憲芙（1991），pp84-96.
13 岡沢憲芙（1991），p96.
14 訓覇法子（1991），p53.
15 ＦＵＢについては、本書第4章を参考にされたい。
16 河東田博（1992），p182.
17 藤岡純一編（1993），p11.
18 藤岡純一編（1993），p16.
19 斎藤弥生・山井和則（1994），pii.
20 斎藤弥生・山井和則（1994），p30.

21 本書第3章第3節も参照されたい。
22 LSS法については、本書第3章第3節に詳述。
23 新援護法については、本書第3章第2節に詳述。
24 馬場寛ほか訳編（1997）, pp109-110.
25 高島昌二（1997）, pp2-3.
26 LASSについては、本書第3章第3節に詳述。
27 ハンディキャップ・オンブズマンに関する法律については、本書第3章第3節に詳述。
28 二文字理明訳編（1998）, p9.
29 百瀬優（2004）, p183.
30 猿田正機編（2005）, pp4-19.
31 河東田博編（2007）, p1.
32 河東田博（2013）, pp197-198.
33 新援護法を指す。なお、新援護法については、本書第3章第2節を参照されたい。
34 LSS法を指す。なお、LSS法については、本書第3章第3節を参照されたい。
35 保健・医療法。なお、保健・医療法については、本書第3章第2節を参照されたい。
36 高島昌二（2001）, p166.
37 高島昌二（2007）, pv.
38 岡澤憲芙・斎藤弥生編（2016）, pp170-172.
39 朝日新聞 2007/11/4 掲載。

第2章

二一世紀のスウェーデンの障害者福祉政策の方向性

本章では、二〇〇〇年にスウェーデン政府が策定した障害者福祉政策のための行動計画について、二〇〇九年一〇月に作成された行動計画の報告書の紹介を通して、その概要、一〇年間の取り組みの総括を確認しておきたい。そして、現在の障害者福祉政策の方針を示し、スウェーデンの障害者福祉政策の全体的見取り図を描くことにしたい。

二〇〇〇年にスウェーデン政府は、一九九三年に国連が採択した「障害者の機会均等化に関する基準規則」に基づき、障害者福祉政策のための行動計画を策定した。これは、二〇一〇年までの一〇年間で、障害者の完全参加、障害者間の男女平等及び差別のない社会の構築を目指し、そのために、政府が責任を持って公共交通機関、情報、メディア、教育、労働、社会サービス、文化などへの障害者のアクセスを容易にし、彼らの社会参加を保障しようとしたものである。そして、現在も国連の障害者権利条約を受けて、スウェーデン政府の取り組みは進められている。では、以下に詳細をみてみよう。

第1節　行動計画の目的・理念・方法

まず、スウェーデン政府の行動計画の目的と理念、方法について紹介しよう。障害者福祉政策のための行動計画の出発点は、一九九九年、国会において「社会はすべてのメンバーが参加し影響し合うために形成されるべきである」と提議されたことにある。すべての人が協力し合い、参加できる社会を実現させることが、行動計画では強調された。障害者の完全参加を実現させるための必要条件は、個人の素質や能力に焦点を当てるのではなく、社会の環境に焦点を当てることである。また、社会のあらゆる部門において、ノーマライゼーションに基づく障害者観を基本方針に組み込むことが求められる。さらに、計画の実現に向けて、人間というのは多種多様であり、さまざまな状態、ニーズがあるものだということを考慮しなければならない。以上の理念に基づいて国会で提出された行動計画の目的は次の通りである。

①さまざまな差異に基づいた社会の形成
②すべての年齢層の障害者が社会生活に完全参加できるような社会の形成
③障害者の男女間の平等を実現できるような社会の形成

この目的を達成するために、社会における障害者の完全参加を認め、それを妨げるものを取り除くこと、障害者差別を禁止し、また差別と闘うこと、障害児・者に自立と自己決定を認めることを実現させなければならない。すなわち行動計画の基本的理念は人権尊重であり、その理念に基づいて策定されている。社会は、すべての構成員が人として尊重され、権利を保障されるように形成されるべきである。したがって、障害者に関する課題を行動計画の一〇年間に人権尊重の理念に基づき解決していかなければならない。人権尊重の理念に関する国連の普遍的な解釈は、すべての人間はみな平等に価値があり権利があるものだとするものである。また、すべての人間は、個人の機能的な能力に関係なく、普遍的に人権を尊重されるべきである。この普遍的な理念に取り上げられている多くの権利を各国は遵守しなければならないとしている。そして、以上の目的と理念に基づいて、計画を実践していくための具体的な方法が提示された[1]。

（1）アクセシビリティの改善

アクセシビリティとは、建物や交通へのアクセスのしやすさと物の使いやすさという両方の意味で使われる。そして障害者にとってのアクセシビリティとは、障害の程度や能力に関係なく、情報を得て、その情報を利用して活動することを意味し、インターネットのウェブサイトや電子機器サービスの利用も含まれる。障害者に対する就職試験の面接でも、試験会場はアクセスしやすい場所で行われ、職員は、アクセシビリティに関する知識を持たなければならない。つまり、個人が持っている機能的な能力に関係なく、すべての人にとって使いやすく、アクセスしやすい社会を形成することが求められるのである。障害者にとってのアクセシビリティの増加は、社会参加、人間の多様性、平等を実現するための基本的条件につながる。社会におけるアクセスしにくい状態とは、障害者を排除し、彼らの選択を妨げる社会のことである。その反対にアクセスしやすい社会とは、障害者が旅行や就労、デイセンターなどでの日中活動にスムーズに参加できたり、家族が障害児を安心して保育所に預けることができるような社会を意味する。障害者福祉政策における重要な課題とは、アクセシビリティの構築である。そして人々は、障害のあるなしに関わらず、自立した生活を送り、社会生活に参加するべきである。行動計画における実践では、そのような参加を妨げるものを認識し、バリアをなくしていくことが求められる[2]。

（2）「障害」のとらえ方の変化

「障害」という言葉には、身体・知的・精神的な個人の能力に焦点を当てた「障害（スウェーデン語では、funktionsnedsättning）」と、個人と周囲の環境との相互関係からみた「障害（スウェーデン語では、funktionshinder）」という二つがある。それまでの「障害」という概念が個人の能力についての医学モデルでしか見られていなかったのに対し、個人と周囲の環境との相互関係の視点を考慮する概念が取り入れられたのである。なお二〇〇八年、社会庁は障害者分野において、政府の報告書にもこの二つの概念を曖昧に使わず、使い分けることを推奨することにした[3]。

（3）責任の明確化と財政源の確保

行動計画は、実践にあたり、責任の所在と財政原理を強調している。社会における各部門は、障害者を含むすべての国民にとってアクセスしやすいように形成され、任務を実行していかなければならない。そのために、それぞれの部門が責任を持って実行するべきである。参加へのバリアがある場合、業務の一環として積極的にバリアを取り除いていくべきである。バリアを取り除き、アクセスしやすい社会を構築するために要する費用も、通常の業務の枠組みの中で財政源が確保されるべきである。たとえば、福祉機器の開発などのように、その費用がかかりすぎるときは例外となる。政府は、コミューンにとって新しい責務、義務に関して決定を行うとき、コミューンとの同意に基づいて調整し、政府の財政源で必要な予算を確保しなければならない[4]。

（4）特別な責任を持つ省庁の確定

行動計画の目標を達成するために、政府は一四の省庁に特別に責任を与えた。これらの省庁は、ノーマライゼーションに基づいた障害者観を活動領域に積極的に取り入れなければならない。一四の省庁とは、労働市場庁、労働環境省、鉄道省、住宅省、社会保険庁（二〇〇三年から）、消費政策省、航空庁、郵便・通信庁、国家遺産局、海運省、教育省、社会庁、文化庁、交通省である。これらの省庁は、障害者福祉政策の目的を達成し、それぞれの部門内での関係職員と協調を図り、支援していかなければならない。部門における主な責任は、参加を妨げるものを取り除くことにある。なお政府は、二〇〇八年一〇月に、各省庁に対して、目標の達成度を記録し、引き続き、ニーズと優先順位を判断していくよう求めた[5]。

（5）政府の責任の明確化

行動計画において、社会は障害者が完全参加できるように構築されなければならないが、政府はその目的を達成できるように、手本となることが求められる。二〇〇一年に施行された「障害者福祉政策の達成を実現するための政府の責任に関する条例」によると、政府の関係機関は、障害者福祉政策の目的に関する任務に対して実行する責任を与えられている。障害者の社会への完全参加と平等をもたらすために、政府は場所、活動、情報が障害者にとってアクセスしやすいものであるようにしていくべきである[6]。

(6) 障害者福祉政策の領域間調整

障害者福祉政策というのはさまざまな領域にわたって展開されるものである。したがって、すべての政策において、障害者福祉政策の目的に政府は責任を持つべきであるし、それぞれの領域内で障害者福祉政策に関心を払い、促進させていくべきである。またノーマライゼーションに基づいた障害者観に関する知識や意識を高め、各政策領域内にその障害者観を組み込まなければならない。各省庁は、障害者福祉政策の目的達成に向けての課題に継続的に取り組む必要がある。行動計画において、省庁の責任と任務の優先順位を明確にしなければならない。アクセスしやすい社会の構築過程で、ハンディキャップ・オンブズマン[7]は、省庁と関係職員を支援するために、国立アクセシビリティセンターを設立する任務を与えられた。国立アクセシビリティセンターとは、アクセス問題に関する知識の構築、助言、発展、協働などを行う機関である。アクセシビリティセンターは、政府によって、各省庁を支援することも任務として与えられている。また行動計画において、国立特別教育支援研究所（Sisus）[8]も、特定の地域、地方レベルで国の能力開発プログラムに責任を持ち、実行することを任務として与えられている。さらに二〇〇六年、ITアクセシビリティを中心に活動している障害者福祉政策の調整機関、Handisam（ハンディサム）が設立された[9]。Handisam（ハンディサム）は、政府の一部として、障害者福祉政策を戦略的・効率的に達成できるように、他の公共部門などのフォローアップや部門間の調整を行い、評価や政府の政策が各部門で機能できるように働きかける役割を持っている[10]。

（7）当事者組織への支援

スウェーデンには、障害者や家族のための組織が多く存在する。これらの組織は、政府の障害者福祉政策に大きな影響を与えてきた。二〇〇九年、合計五六の当事者組織が、国庫補助の受給を許可されている。当事者組織は障害者福祉政策の領域内で、会員の状況について政府へ報告することを通して社会を変えていく役割を持つ。国内外においても、当事者組織は、障害者の権利を認めさせ、障害者の権利に関する国連の条約を明確にさせてきた。なお二〇〇〇年から二〇〇五年の期間、国庫補助システムが変わり、手当を認められた組織が五年間で四三から五五に増加された。この行動計画の期間の間、当事者組織への予算は大幅に増え、二〇〇八年に提示された予算は、一億SEK（一SEK＝約一三～一四円〔二〇〇八年当時〕。以下スウェーデンクローナは国際通貨コードSEKと表記する）増加した[11]。

（8）障害者代表団の結成

行動計画による達成に関連して、責任・調整大臣により率いられる特別障害者代表団がある。つまり、この代表団は、政府の代表であり、政府と当事者組織との調和を保つものである。代表団は、政府によって選ばれ、一年に四回会議がある[12]。

第2節　行動計画の総括

第1節で二〇〇〇年の行動計画の目的、理念、方法について確認した。それではその行動計画は、政府、ランスティング・コミューン、移送、教育、労働市場、文化、個別援助の領域でどのように実践されてきたのだろうか。二〇〇九年の報告書に基づいてまとめてみよう。

（1）政府機関

二〇〇三年から二〇〇八年の間で、行動計画に従った政府の省庁・行政諸機関は、七％から六九％に増加した。政府の実践とは、まず、ウェブサイトへのアクセスのしやすさを整備することである。誰もが理解できるような簡単な言葉で基本的な情報をインターネット上で流すことを実施している機関は、四三％にのぼった。職員に対しては、研修を積極的に勧めることが重要な任務である。職員の研修に関しては、決定権のある幹部にまず受講させる。これはアクセスしやすい環境作りをより早く、スムーズに進めることにつながるからである。七〇%の職員がシンボルや記号による会話の研修を受講した。その結果、障害者に理解可能な簡単な情報、さまざまな文字や記号等のシンボルを用いた情報の提供が増加してきたといえる[13]。

(2) ランスティングとコミューン

障害者の参加と平等を実現するために、ランスティングとコミューンが協力して実施しなければならない任務は非常に多い。多くのコミューンが、住民にアクセシビリティに関する情報を提供し、公共スペース、店舗、文化活動や公共交通機関など、さまざまな範囲で調査を行ってきた。スウェーデン西部に位置するVästra Götaland(ヴェストラ　ヨータランド)県[14]やストックホルム県においては、大規模な意識調査が行われてきた。それらの調査の一つが、コミューンの重要な任務でもある住宅支援に関する意識調査である。住宅省の住宅市場調査によると、住宅分野におけるアクセシビリティを、重要課題だと回答したコミューンは、二〇〇三年では三五%だったのが二〇〇八年では五四%に上った。また公共環境の整備に関しても、同様に重要な課題であると回答したのが二〇〇三年では五四%だったのが二〇〇八年で七〇%になり、アクセシビリティに対するコミューンの意識が上がったといえる。住宅省によると、二〇〇八年、約七万五〇〇〇件の住宅手当申請が許可された。二〇〇六年では、六万七二〇〇件の申請が許可されており、増加の傾向にある。なお、一年に五〇〇〇SEK以下の手当を受給している者が六一％、一年に一〇万SEKを超える手当を受給している者は約二％という結果であった。また、特別支援付きの住宅に関して、二〇〇三年の段階では、コミューンの半分にあたる四七％が特別支援付きの住宅を設置していなかったが、二〇〇八年は三二％になり、特別支援付きの住宅も増加してきている。さらに、政府はコミューンに対して、身体障害者のためのエレベーター設置について、二〇〇四年にいわゆるエレベーター設置手当と言われる手当に対して予算を三〇〇〇万SEKと決定した。この手当は、エレベーター設置や高層住宅の改装に使われている[15]。

またコミューンは、二〇〇五年の終わりに新選挙法が採択されてから、身体障害のある有権者に対して、投票の際、アクセシビリティに配慮しなければならなくなった。障害者福祉政策のコーディネートを図る機関、Handisam（ハンディサム）の二〇〇六年の調査によると、多くのコミューンで障害者の政治参加が可能になるように車椅子専用の投票場所の設置などに取り組んでいることがわかった。

（3）公共交通機関と移送

政府は交通省と鉄道省に国内の移送に関する任務を与えた。すべての人にとって使いやすく、質の高いサービスを行い、駅、バスターミナル、プラットフォーム、乗り物、交通などを二〇一〇年までに整備することである。

二〇〇七年、その影響を受けた移送庁は、公共交通機関の長期的開発に関する行動プログラムにおいて、二〇一〇年までにどのように交通ネットワークを完成させるべきかという構想を示した。また鉄道省は、二〇一〇年までに一五〇の駅をアクセスしやすくするべきであると述べた。政府は、鉄道省に早期に目的を達成してもらうために、予算を一億五〇〇〇万SEKと決定した。電車やバスにアクセスしやすくするために、ノンステップの車両を二〇〇六年の五七％から二〇〇九年には六一％に増加させた。二〇〇八年には、バス停の五九％がアクセスしやすく整備された。しかし、スウェーデン公共交通の調査によると二〇〇一年から二〇〇九年までの期間で、これらの整備が達成されたと考える人は二五％であるが、約四〇％の人はまだ達成していないと考えている。また、障害者のほとんどはタクシーサービスを使用しており、今後はタクシーサービスに頼っている人達が公共交通機関を利用しやすいように整備していくことを課題としなければならない[16]。

(4) 教育

就学前教育、児童ケア、学校及び成人教育に関する責任は、コミューンと学校長が担っている。政府は行動計画の期間に、教育の質を高め、すべての児童が必要な支援を得られるようにするために、さまざまな改革を始めることを決めた。

学校法には、時代の変化とともに生徒の権利を強くするための規定が作られてきた。一九八五年成立の学校法には変化が求められるようになってきた。そのため、政府は二〇〇九年一二月に新学校法を採択し、二〇一〇年からの実施を決定した。新学校法では、特別な支援を必要とする子どものカリキュラムに関して、学校の責任がより明確に規定された。二〇〇八年七月には、SPSMといわれる国立特別支援教育庁が設立された。SPSMは、コミューンや校長に助言や支援を提供し、国庫補助を行い、障害のある生徒のために教育補助機器の生産や整備を支援する機関である。この機関の設立は、政府によって、国の特殊教育支援における生徒、保護者、学校、コミューンのアクセシビリティを増加させるための一つの手段として考えられた。二〇〇六年から児童・生徒保護法が導入され、就学前教育、学童期のケア、基礎学校及び高校、コミューンの成人教育に至るまで児童や生徒の差別、不当な扱いなどを禁止する法律が制定された。二〇〇九年一月一日から、児童・生徒保護法における差別禁止に関する事項は削除され、新差別禁止法[17]に統合された。二〇〇八年までに障害者福祉政策の目標を達成するために、教育省は、政府の学校視察・特殊教育機関と協力して取り組むこととした。

以上のように、学校教育に関する法律の改定や改革を行うと同時に、政府の任務を受けて、基礎学校及び高等学校への物理的なアクセシビリティの調査も行った。その報告書の中で、ほとんどの学校は、障害のある生徒に対して不十分な環境であると判定された。その報告書を受けて、学校の物理的なアクセシビリティの積極的な開発が進められている。また、ほとんどの学校は、車椅子を使う人にとってアクセスしやすいような環境を作る必要があると報告している。基礎学校のほぼ半数と一〇の高等学校のうち四校は、アクセシビリティの整ったトイレ、エレベーター、またはその両方が必要であると回答した。教室に関してもドアノブは、車椅子の人達には届かない場所に取り付けられていることが多かった。一九三〇年代以前に建設された学校は、二〇〇〇年以降に建設されたものよりアクセシビリティの整備は整っていない。しかし、二〇〇〇年以降に建設された学校でさえ、ドアノブの位置に問題があり、段差などもあり、アクセスしやすいとはいえない。しかし最近に建てられた学校には、エレベーターや車椅子でも使用しやすいトイレを導入しているところもある。

二〇〇〇年の行動計画によって、視覚障害、聴覚障害、視覚聴覚障害のある児童のための特別学校は、大きな影響を受けた。Ekeskolan（エーケスコーラン）[18]に付属した分校とHällsboskolan（ヘッレスブースコーラン）[19]は、次々に廃止された。二〇〇一年七月一日から、Ekeskolan（エーケスコーラン）は生徒募集を停止した。二〇〇八年、政府は学校法による国の特別支援学校の目的を拡大し、再び視覚障害、重度の機能障害、重度の言語障害のある生徒を含むようにしていくべきだと方針を変更した。また引き続き、障害のある生徒やその他特別な理由で基礎学校や特別支援学校に行くことができない生徒に関して、特別支援学校で教育を受けさせるべきであると主張し、二〇〇八年七月一日、国の特別支援学校としてEkeskolan（エーケスコーラン）とHällsboskolan（ヘッレスブースコーラン）は再建された。

行動計画の具現化の期間、特別支援学校の生徒は増加した。二〇〇三年四月まで義務教育期間の特別支援学校における生徒数は減少し、特別支援学校高等部の生徒数は増加していた。しかし、現在、義務教育期間における特別支援学校在籍の生徒の割合は、一・五％継続的に増加している。二〇〇七年からの研究で、この理由を、移民の子どもの増加に対応しきれないコミューンが多く存在しているからだと分析している。また、特別支援学校は永続的に必要であると考える両親の影響もあると考えられている。ただし、コミューンが特別支援学校入学を決定しても子どもにとって利益にならないと保護者が判断した場合は、特別支援学校入学を拒否することができる[20]。

(5) 労働市場と労働環境

障害者福祉政策に対する政府の主要戦略は、通常の労働市場への参加を支援することにある。労働市場への参加は障害者にとって重要な意味をもつ。二〇〇七年、長期失業者の新規雇用に対する支援が導入された[21]。それは、失業や疾病などの理由で長期間（一年以上。若年の場合は六ヶ月以上）労働市場から離れていた人を雇用すると、その失業者の失業期間の長さに応じた期間（一年失業していた人を雇用すれば一年間）、雇用主の給与税負担率の二倍の金額が還付される。被雇用者が二六歳以下であれば、給与税負担率の約半分の額の控除と負担率相当の金額が還付される[22]。二〇〇八年には、疾病手当、リハビリ手当、または疾病・活動補償手当などの社会保障手当を一年以上受けている人も、雇用主の給与税負担の控除の対象となった。

就職開発保証プログラムが二〇〇七年に導入され、二〇歳から二四歳の若年長期失業者に適用されている。就職開発保証プログラムは、人々が個別適応活動の参加を通してできるだけ早く仕事を見つけることができるようにするものである。二〇〇八年の開始から就職開発保証プログラムの参加者は九万人で、そのうち障害者は約三〇%、翌年二〇〇九年には三一%が障害者だった。

労働力の低下している障害者のために、短期・長期における職業生活の中で、幅広い支援が求められる。その際、賃金助成雇用形態、公共部門での保護雇用形態、Samhall AB（サムハルＡＢ）[23]での保護雇用、発達雇用[24]、安全雇用[25]などの職業支援がある。安全雇用形態とは、Samhall（サムハル）での保護雇用に代わる形態であり、賃金助成雇用より長期の支援を必要とする場合に適用される。安全雇用形態では、ジョブセンターと雇用主は、労働力の低下している障害者の雇用に関して協働している。二〇〇六年から政府は、この領域内で、積極的に職業支援に取り組んでいる。賃金手当を許可された障害者は、二〇〇〇年の四万八五四〇人から、二〇〇五年には五万六四四〇人に、さらに二〇〇七年には五万八九〇七人に増加した。さらに政府はSamhall（サムハル）に対して経済的な支援を行い、二〇〇〇年では、Samhall（サムハル）への賃金手当と雇用への割り当て金額が一一〇億SEKから、二〇〇四年は一〇五億SEK、二〇〇九年になって一四三億SEKに増加した。特別支援のある労働の目的は、できるだけ長く、賃金補助手当なしに、通常の労働形態で働けるようにすることである。Samhall（サムハル）は、通常の仕事に雇用者を年間五％戻すという目標を掲げて実践している。

二〇〇八年の調査によると、働いている国民は、障害のない人で七七％であるが、何らかの障害のある人で五〇％になり、二〇〇〇年と比較して六・一％減少している。労働能力のない障害者の雇用は、他の障害のない国民よりも非常に低い割合である。労働能力はあるが身体に何らかの障害のある人や労働能力の全くない障害者での失業率は、行動計画の一〇年間で、二〇〇〇年の七・八％から二〇〇八年では九・一％と、一・三％増加している。これに対し、障害のない人の失業率は、二〇〇〇年の三・四％から二〇〇八年には四・六％と、一・二％の増加である。また、これには男女間の違いもあり、障害のある女性の場合、労働市場に参加する率が男性に比べて低くなるという結果が出ている[26]。

（6）文化とメディア

社会において、さまざまなメディアにアクセスし、文化遺産を楽しむことは、国民の基本的な権利である。また法律で保護された言論の自由を実行することができる重要な権利でもある。アクセシビリティに関する問題はこの領域において、多様化している。政府は、デジタル化、電子アクセス、デジタル保護に関して、基本方針を提出する任務を文化領域に与えたのである。デジタル化の時代において、特別なニーズをもつグループのメディアへのアクセシビリティの増加が重要な課題となる。

政府は、スウェーデンラジオAB、スウェーデンテレビ局AB、スウェーデン教育ラジオなどの放送局は、障害者のニーズに注意を払うべきであるとした。これは、二〇〇九年一二月に決定され、二〇一〇年から二〇一三年までの期間に、字幕放送を実施し、すべての国民にアクセスしやすいようにしていくべきだとした。

文化庁は、行動計画において、障害者の文化生活へのアクセシビリティを増加させる責任を持っている。文化庁は二〇〇七年、この任務において、二八のプロジェクトに七二〇万SEKを割り当てた。二〇〇八年では一四のプロジェクトがトータル二四〇万SEKの助成を許可され、二〇〇九年には三五〇万SEKが許可された[27]。

(7) 社会分野における個別援助

障害者への個別援助は、すべての人にアクセスしやすく、また使いやすいものであるようにする方向で実践されるべきである。行動計画の期間、政府は、質の高い個別支援の開発を試みている。男女別に報告されている統計調査は、男女における社会支援のアクセシビリティへの平等を把握する一つの指標となる。この調査によると、男性が、女性よりも非常に大きな割合で、社会支援を受けている。この違いは、許可されているサービスの時間、援助の種類などすべてにおいて見られるものである。さらに、この男女間の違いに関する理由についての体系的な分析が存在せず、この状況を変えるための方法が現状ではないため、引き続き障害者福祉政策にとって一つの課題としてあり続けている。

この分野では、社会保険庁と社会庁が責任を持って任務を担っている。社会保険庁の目標における活動は、すべての障害者のためにアクセスしやすく、使いやすいものでならなければならず、また、すべての労働者や障害者の雇用の増加のために平等な機会を与えるように、雇用主を指導していかなければならない。

政府は、社会保険庁に二〇〇七年障害者手当及び介護手当において、妨げとなるようなさまざまな問題を抽出して提示するという任務を与えた。その際、どのように障害者手当や介護手当が日常の社会に適用され、どのような利益が各目的に影響を及ぼしているのかを分析しなければならない。社会保険庁は報告書の中で、障害者手当及び介護手当は、社会の発展の歩みに対応していないと指摘している。これを受けて、社会保険庁は、障害者手当を廃止し、二つの手当の余分な費用を別の法律に統合する方法を検討するとしている。

社会庁は、現在の障害者の生活水準を導き出して検討するために、生活水準に関する報告書を作成する任務がある。社会庁は、障害者の生活水準を検討するために、スウェーデン統計局（ＳＣＢ）と協働で、住宅、安全、健康、社会関係、経済に関する調査研究を実施している[28]。また社会庁は、社会サービス法[29]及びＬＳＳ法[30]の下で援助を実施しているコミューンと協働し、援助における地域差をなくしていくように努めなければならない。さらに、精神障害者に関するリハビリテーション及びハビリテーションの分野においても、援助を行う際に協働を強くしていくことも課題としている[31]。

第３節　将来の方向性

第２節で示したように、政府は教育、労働、住宅、ＩＴ、公共交通機関、社会サービスなどにおいてさまざまな調査を行い、障害者がアクセスしやすい社会を構築するために、政府の責任を示しながら取り組んできた。その結果、障害者にとってアクセシビリティは整備され、少なくとも物理的なアクセシビリティは発展したといえる。しかし、障害者の完全な社会参加を実現するためには、今後も継続的に実践していく必要がある。

障害者福祉政策の目的を達成するための政府の任務は、時代や状況を踏まえ、常に改善し、より効率的に行われなければならない。また、障害者の日常生活への参加を促進させ、アクセシビリティの妨げとなるものを取り除いていく必要性がある。さらに、社会全体が障害者の日常生活への参加を促進させ、アクセシビリティの妨げとなるものを取り除いていくことを達成するために、責任を持たなければならない。アクセシビリティの妨げとなる社会というのは、障害者の社会参加の機会を平等にもたらさない社会である。したがってそのような不平等な社会を作らないために、任務は地域計画の作成やさまざまな助言・支援システムの構築においても明確かつ組織的なものでなければならない。この任務と関連して、各省庁もまた、引き続き、戦略的に指標を示さなければならない。今後の全体の方向性として、二〇一一年から二〇一六年までの間に、障害者の社会参加を促進させるため、アクセシビリティの改善に積極的に取り組む姿勢である。そのために政府の実施責任を明確にし、継続的にフォローアップしながら実践していく方針である。政府と各省庁は、データを収集し、結果を記録し、報告書を作成していかなければならない。障害者福祉政策の任務においては、広範囲にわたるフォローアップと記録が求められるのである。さらに障害者福祉政策を効率的に実施していくために障害者の生活水準も国民全体の生活水準と比較し、同等のものにしていかなければならない。政府は現在の統計調査から、すべての年齢層の障害者の生活水準を把握しなければならない。二〇一六年、収集された報告書を国会に提出し、政策効果の全体的な判定と評価を行う予定である[32]。

それでは、障害者の完全参加を可能にする方策について、政府はどのように将来の方向性を示しているのであろうか。二〇〇九年の報告書から主要な論点を抽出し、最後に、障害者権利条約を受けての近年の政策についての方針をまとめておく。

(1) アクセシビリティの改善

障害者が自立し、自己決定できる社会を形成していくための手段として、アクセシビリティを改善していく必要がある。つまり、建物や公共スペースなどへのアクセシビリティ、公共交通機関へのアクセシビリティ、ITへのアクセシビリティ、マスメディアや文化等へのアクセシビリティの一層の改善が課題となる。

ITに関しては、社会で幅広く利用されている現状を踏まえて、すべての国民に対して情報社会におけるIT利用の機会を増やすために、関係機関との協働が重要となる。今後ますます必要とされるITアクセシビリティへの課題は多く、公共のウェブサイトへのアクセスのしやすさと使いやすさを改善し、関係職員に対してアクセシビリティに関する知識の強化も行うことが必要である[33]。

公共交通機関へのアクセシビリティの改善とは、移送システムが障害者にとって使いやすいものであるように構築されることである。公共交通機関においてアクセシビリティの改善は、高齢者にとっても利用しやすいものである。つまり、障害者にとって使いやすい移送システムとは、すべての人にとっても快適なのである。今後、公共交通機関のアクセシビリティの改善が早急に求められる[34]。

また、政府は、アクセシビリティの改善に向けて、関連領域や関連法律と協働・連携していく必要がある。たとえば、建物のアクセシビリティの改善に関しては、計画建築法（ＰＢＬ）[35]と連携し、建築物におけるバリアフリー化を促進していくことが求められる。さらに、文化政策の目標を達成するために、政府は文化生活への参加の機会の増進、創造的な能力の開発などを積極的に行うことを課題とする。メディア政策においても、映画やテレビ放送などさまざまなメディアサービスに障害者がアクセスしやすいように、字幕放送実施の徹底化などを促進していく必要性がある[36]。

(2) 雇用の促進

障害者の雇用促進はスウェーデンにおいても大きな課題である。労働市場政策の課題は、雇用の増加と排除の軽減という、一層良好な労働環境を構築することにある。そのために政府は、継続的に雇用を増加させ、求職者と雇用主とを効率的に結びつけ、長期にわたり就職活動を行っている人を優先させなければならない。当事者組織や労働市場のさまざまな部門との協働において、障害者の労働生活における参加の妨げを取り除く革新的な方法を探ることは重要である。そしてさまざまな経験や良い事例を共有することを通して、新しい可能性が創造されるとみている[37]。

(3) 教育政策における改善

良い教育というのは、人々が社会や労働市場に参加するために必要不可欠である。学校の選択の自由も障害のない子ども達と同様に、障害のある子どもにとっても重要なことである。新しい学校が建設され、古い場合は改築されることによって、物理的にバリアフリーの整った学校が増えてきた。また、新学校法への政府の提案によると、生徒の保護者は、コミューンの決定に不服がある場合、教育省の訴訟機関に、不服申し立てできるようになった。

教師の能力は、就学前教育、義務教育、成人教育において非常に重要である。障害のある生徒や学生達が可能な限り長く教育を受けることができるように、教師はさまざまなニーズを聞いた後、その個人の障害について適切な知識をもち、そして、どのような教育が適しているのか分析することも要求される。他の講師及び校長による研修、評価、フォローなどは、授業をより良いものにしていくための重要な方法である。また、大学や単科大学などで勉強をしている障害者に対する就職を促進させる必要もあろう[38]。

（4）生活支援システムの構築

社会政策としては、社会サービス法やLSS法の下でさまざまな社会サービスが展開されている。サービスを行うにあたり、利用者の自己決定の尊重は、この領域における援助形成のあり方で強調されるべき重要な課題であるといえる。個人の自己決定を尊重し、利用者のニーズに合った個別支援計画を作成して必要なサービスを提供していくことが重要である。また、サービス実施責任のあるコミューンとランスティングとの協力も強めていく必要があるといえる[39]。

国民健康政策を強化することも重要な社会政策の課題の一つである。国民全体の良好な健康状態を構築するために、良好な健康状態を創造する生活環境、社会構造及び生活水準に関わる要因を調査することを課題とする。国民全体の健康状態を良くするために、医療サービスへの実施責任のあるランスティングとの協力が必須となる[40]。

さらに今後の重要課題の一つに、裁判における障害者の権利擁護がある。以前の障害者福祉政策の計画には、司法手続きに関しては明確に記されていなかった。しかし、今後の方針として、裁判においても、障害者が犯罪の加害者、目撃者、または被害者になる場合、障害者のニーズや権利を強化していかなければならないとする。今後、障害者の権利を強めていく上で非常に重要であるといえる[41]。

以上で示したように、スウェーデンの政策の展開においては、多領域と連携・協働を行いながら実践することを重視しているといえる。スウェーデンの政策全般にいえることであるが、政策を実践するにあたり、政府が責任を持ち、将来を見据えながら実践を行う「実験国家」として政策を展開することを特徴とする。

最後に、二〇一七年に政府が決定した今後の方針について簡潔にまとめておきたい。今まで述べてきた行動計画を基本としているが、労働市場、社会、教育、交通、ＩＴ、バリアフリー、司法、保健医療、文化・メディアなどあらゆる政策の領域において、人権尊重の強化、差別禁止、男女平等、そして子どもの権利擁護の強化を行う方針を定めている。近年の移民や難民の増加も受け、障害者福祉政策に関しても、障害者も含めたマイノリティの権利擁護を重視している点が見受けられる[42]。

■注

1　Regerings Skrivelse（2009）, p6.
2　Regerings Skrivelse（2009）, pp7-8.
3　Regerings Skrivelse（2009）, pp8-9.
4　Regerings Skrivelse（2009）, p8.
5　Regerings Skrivelse（2009）, p10-11.
6　Regerings Skrivelse（2009）, p11.

7 本書第3章第3節及び第4章第3節を参照されたい。

8 特別教育支援研究所（Sisus）は、二〇〇八年七月より再編され、ＳＰＳＭ（国立特別支援教育庁）にその役割も引き継がれた。スウェーデン政府ホームページ https://www.regeringen.se/（検索日：2020/3/15）参照。

9 Handisam は、二〇〇六年から二〇一四年まで政府の障害者福祉政策の調整機関として設立されていた。その後、社会参加局（Myndigheten för delaktighet=MFD）に統合されている。ＭＦＤ（Myndiget för delaktighet）ホームページ：https://www/mfd.se/ 検索日：2020/1/4）

10 Regerings Skrivelse（2009）, pp9-10.

11 Regerings Skrivelse（2009）, p10.

12 Regerings Skrivelse（2009）, p10.

13 Regerings Skrivelse（2009）, p14.

14 Västra Götaland（ヴェストラ　ヨータランド）県は、ストックホルム県に次いで、人口の多い県である。県庁所在地はスウェーデン第二の都市 Göteborg（イェテボリ）。

15 Regerings Skrivelse（2009）, p15.

16 Regerings Skrivelse（2009）, pp19-22.

17 新差別禁止法（Den Nya Diskrimineringslagstiftningen）は、二〇〇九年一月一日施行。新差別禁止法は既存の差別禁止法を統合し、新たな差別禁止条項を加えて策定された法律である。本書第3章第3節に詳述。

18 視覚障害、機能障害のある児童のための国立特別学校で、スウェーデン中部に位置する Örebro（エレブロ）にある。生徒寮付設。六歳から二一歳まで通うことができる。授業は生徒ひとりひとりのニーズに応じて行われ、教師や小児科医、眼科医、学校看護師、ソーシャルワーカー、心理士などが協働で支援を行っている。国立特別支援教育庁：Specialpedagogiska Skolmyndigheten（ＳＰＳＭ）ホームページ http://www.spsm.se/（検索日:2019/10/21）を参照。

19　言語障害のある児童のための国立特別学校。ストックホルムよりやや北部に位置するSigtuna（シグチュナ）とスウェーデン北部のUmeå（ウメオ）の二箇所にある。通うことができない生徒のために生徒寮が付設されている。学校看護師、心理士、ソーシャルワーカー、校医、ST（言語聴覚士）が生徒を支援している。国立特別支援教育庁（SPSM）ホームページ：http://www.spsm.se/（検索日：2019/10/21）を参照。

20　Regerings Skrivelse（2009）, pp25-28.

21　二〇〇七年導入されたNew Startプログラム（Nystartsjobb）を指す。

22　New Startプログラムの制度は、被雇用者が二〇歳以上二六歳未満の場合、雇用主が支払う社会保障関係費用の負担率（通常三一・四二％）が一五・四九％に引き下げられ（二〇一〇年）、三一・四二％分の還付がある。例：月二万五〇〇〇SEKの給料から一五・四九％引かれ（三八七二・五〇SEK）、二万五〇〇〇×三一・四二％＝七八五五SEK分還付される。また、被雇用者が二六歳以上の場合、負担率分の二倍に相当する金額が還付される。例：月二万五〇〇〇SEKの給料から三一・四二％が引かれ（七八五五SEK）、負担率の二倍に相当する額（七八五五SEK×二＝一万五七一〇SEK）が還付される。公共職業安定所（Arbetsförmedlingen）ホームページ：http://www.arbetsformedlingen.se/（検索日：2019/11/19）参照。

23　Samhall AB（サムハルAB）とは、一九八〇年に創設されたスウェーデン政府直営の独立した企業である。目的は機能障害者に、労働の機会を提供し、労働能力の発達を促すことである。事業分野は幅広くIKEAなどの企業の下請けを行ったり、サービス部門にまで及んでいる。サムハルホームページ http://www.samhall.se/（検索日：2011/6/3）と、仲村優一他編（1998）, p102を参照されたい。

24　発達雇用とは、障害により労働能力が低下しているが、就職を通して能力や労働力の発達が見込まれる機能障害のある人を対象とする労働支援の形態である。公共職業安定所（Arbetsförmedlingen）ホームページ：http://www.arbetsformedlingen.se/（検索日：2011/6/22）参照。

25　安全雇用とは、障害により労働力は低下しているが、必要とされる能力のある障害者を対象とする。能力や経験を活かしながら同時に経済補償も受けることができるシステムである。公共職業安定所（Arbetsförmedlingen）ホームページ、同上参照。

26 Regerings Skrivelse（2009）, pp32-38.

27 Regerings Skrivelse（2009）, pp43-45.

28 Socialstyrelsen（2009）. 対象者は障害児・者、障害のある子どもを持つ両親。障害者の生活水準をより良いものにするために、障害者と障害のない人の生活水準を比較検討することが目的である。

29 社会サービス法については本書第３章を参照されたい。

30 本書第３章第３節を参照されたい。

31 Regerings Skrivelse（2009）, pp47-48.

32 Regerings Skrivelse（2009）, pp70-71.

33 Regerings Skrivelse（2009）, p74.

34 Regerings Skrivelse（2009）, p77.

35 公共の建物や職場が障害者にとって使いやすいようにつくられるべきだとする。本書第３章を参照されたい。

36 Regerings Skrivelse（2009）, p76.

37 Regerings Skrivelse（2009）, p76.

38 Regerings Skrivelse（2009）, pp75-76.

39 Regerings Skrivelse（2009）, p75.

40 Regerings Skrivelse（2009）, p77.

41 Regerings Skrivelse（2009）, p76.

42 Regering（2017）*Prop. 2016/17:188 Nationellt mål och inriktning för funktionshinderspolitiken.*

第3章

スウェーデンにおける障害者福祉政策の歴史的展開

現在のスウェーデンの障害者福祉政策の展開においては、第2章で述べたように、住宅政策、教育政策、労働市場政策などと連携・協働しながら政策化することを重視し、障害者の完全参加の実現を目指すものとなっている。しかし、このような障害者の完全参加の実現、当事者主体の政策を作り上げていくまでには非常に長い年月を費やしている。本章では、一九世紀から現在に至るまで、障害者福祉政策の歴史的展開を概観することを通して、その充実に向けたこれまでの政策がどのように改善してきたかという過程をみてみよう。

第1節　障害者福祉政策の誕生と成長

一八世紀末、身体に障害があり、かつ労働能力がないとみなされている人の援助を受ける権利や、援助の社会的責任について議論が始められた。当時の救貧法には、家族や教会が援助の責任を担うべきであるということと、重度の身体障害者、精神障害者、慢性の疾病や感染症を患っている者は国立病院に収容するべきであることが規定されていた。教会区[1]は、しばしば障害のない貧困者も生活保護に関わる費用削減のために国立病院に送り込んでいた。財源が豊かな教会区は、貧困者や障害者のための施設を建設し、生活保護に関わる施策を実施していたが、非常に地域差が大きかった[2]。

一八四〇年代に入ると、ドイツのエルバーフェルト制度[3]の影響を受け、生活保護に関する責任をもつ救貧委員会が各都市に設立され始めた。委員長は、その教会区の保護申請者に対して援助を行う義務があった。保護施設における作業は、木を切る作業、毛糸の選り分け作業、清掃作業や裁縫作業であり、労働能力がある場合は、これらの作業が行われていた[4]。

一八四七年に成立した救貧法には、不十分ではあるが、援助を受ける権利についての規定が初めて盛り込まれた。それは、家族の有無に関係なく、公的な援助を受ける権利があるいう内容だった。

しかし、援助の責任に関しては、国と教会区で責任を押し付け合っていた。国は教会区が強制的に障害者や病弱者、貧困者等を保護するべきだと主張し、教会区は国が貧困問題に関心を払い、貧困者のニーズを解決するべきであると主張していた。またこの救貧法において、身体障害者は教会区の移動を認められ、特に労働能力のある障害者は、優先的に別の教会区に移る権利を持っていたが、労働能力のない者は生涯生まれた場所を離れることはできなかった。つまり、労働能力の有無で判断した場合、比較的仕事を得られやすかった聴覚障害者と視覚障害者は別の教会区に移動することも可能になった。引っ越し先の教会区は、身体障害者や治る見込みのない疾病の者を三年間援助する義務を負わなければならなかった。この規定に関して、生活保護費の増加を恐れる教会区が反対し、再び法律は見直され、一八七一年、家族が身体障害者等の援助に関する責任を担うべきであるという規定を盛り込んだ新救貧法が成立した[5]。

両親を失った障害児の処遇は、各教会区にとって非常に大きな問題であった。そこで、地域の救貧委員会は、障害児を個人の家庭に預けようとしていたが、なかなかうまくいかなかった。働き手が欲しい場合、養子として引き取られる場合はあったが、労働能力のない障害児は、保護施設で強制的に老人や病人と一緒に生活するしかなかった。しかし、啓蒙思想の影響を受け、次第に教育の重要性が強調されるようになり、国民は障害児教育や訓練に関心を持ち始めた。障害が神から与えられた罰でなければ、教育や訓練を通してノーマルな生活ができると考えられるようになった。スウェーデンにおける最初の特別支援学校は、一八〇九年に設立された視覚・聴覚障害児のための学校であった。続いて、障害児のためのさまざまな教育機関が設立され始めた。障害児教育に力を入れることにより、生活保護費を削減でき、社会生活に参加する可能性を与えることができると考えられるようになったのである。また、障害児教育に義務教育を組み込もうとする動きが出てきた。病弱な児童や知的に遅れていると言われていた児童には、特別支援学級のような形のクラスが設けられた。同時に、重度の障害児・者のための大規模入所施設も建設され始めた[6]。

一八六四年ストックホルム・ユールゴーデンにManillaskolan（マニッラスコーラン）[7]、一八八六年にはストックホルム郊外にEugeniahemmet（エウゲニアヘンメット）[8]、そして一八八八年にストックホルム北部に視覚障害者のための施設Tomteboda（トムテボーダ）[9]が建設された。障害者には、生活保護のような一般的なケアより、入所施設による特別な処遇が適切であるとされたためである。しかし、これら一連の入所施設建設は、政府が単に障害者福祉政策の業績を示したかったというにすぎず、劣悪な環境で、非人間的な処遇であったとされる[10]。

一九世紀の半ばからは、医学、生物学的視点に基づいた障害者の治療に焦点が当てられ始めた。障害者を診断別に分類し、それぞれの集団ごとに処遇し始めたのである。それまで障害は「慢性の疾病」という認識であったが、一八世紀末、まず聴覚障害等が疾病から区別され、そして一八六〇年代の終わり頃から知的障害や精神障害が同様に区別され始め、視覚聴覚障害、てんかん患者というように、障害の細分類化が進んだ。二〇世紀に入ると、遺伝子学が優位を占め、障害者福祉政策に大きな影響を与えた。障害の原因は遺伝子であるとみなされ、優生思想が発達し、障害者には結婚を禁じる政策も行われた[11]。

しかし一九二八年になると、国家が責任を持って、国民の生活の保障に取り組むシステムの構築を明確に示した、いわゆる「国民の家（Folkhemmet）」構想が、社会民主労働党のP・ハンソン（Per Albin Hansson,1885-1946）らによって提唱された。「国民の家」とは、国家が「良き父」として人びとの要求やニーズを包括的に規制・統制・調整する「家」の役割を演じる、誰一人として抑圧されることがない社会である。そこでは、人々が助け合って生きるのであり、争い合うということはない。また、階級闘争ではなく協調の精神がすべての人びとに安心と安全を与えると主張された。「経済成長か福祉か」という二者択一を迫られ、多くの国が「経済成長」を選択したのに対し、スウェーデンにおいては、経済成長も雇用も福祉もすべて実現するという道を選んだ。こうしてスウェーデンの社会政策の基盤ともいえる、すべての国民に対して政府が責任を持ち、政策を実践するという普遍的社会政策の基盤ができたといえる。そして階級格差の解消、社会保障の整備、経済的平等の達成、労働の保障、民主主義の確立が要請され、次々に政策化されていった[12]。すなわち、社会保険、労働市場政策、住宅政策等の整備である。また、平等を原則とする累進課税制度による賦課方式が確立されていった[13]。

一九五〇年代、技術的・医学的研究が進展し、福祉機器などの生産部門や補助具の開発が急速に発達した。それによって、障害者にも労働の機会が増え、身体障害者のリハビリテーション志向も向上したのである[14]。一九五六年にはそれまでの救貧法が社会扶助法に置き換えられた。障害者や貧困者等の援助に関しては、社会扶助法に規定されていた。このように障害者にも積極的に労働市場政策を行い、就労保障を重視するようになった背景には、すべての人に労働による人間発達と自己実現の機会を与え、生活の自立を保障するという思想がうかがわれる。すべての人が対等な価値をもつ民主主義社会において、障害者の積極的な社会参加の実現は重要な課題であった[15]。

「国民の家」構想の下、社会保障・社会福祉制度が整備されていったが、障害者は施設収容による処遇が当然とされ、自己決定できない保護の対象であった[16]。そのような時代の中で、大規模入所施設ではなく、家庭で身体障害児・者、病弱者、高齢者等の介護を支援するためのイン・ホーム・パーソナルシスタンスと呼ばれるシステムが拡大され始めた。それは母親が病気の場合、家族を一時的に援助するインフォーマルなシステムとして始まったが、社会民主労働党が政権を取った一九三〇年代、地方自治体にそのシステムが引き継がれていった。労働市場を活発化させ、女性の労働市場への参加を図る目的で、イン・ホーム・パーソナルアシスタンス・システムの拡大が図られたのである。このイン・ホーム・パーソナルアシスタンス・システムこそ、現在の重度の身体障害者、身体知的重複障害者、高齢者の地域生活を可能にするパーソナルアシスタンス制度[17]の前身であるが、障害当事者の生活支援というよりは、家族介護者を支援し、家族を一時的に介護から解放し、経済発展を促進させることを目的とする制度として発展していった[18]。

第2節　社会サービスの充実と地域自立生活

2-1　一九六〇年代～一九八〇年代にかけての政策

一九六〇年代は経済成長の影響もあり、「福祉国家の黄金期」とも形容されるように、最も充実した社会保障政策がとられた時代であった[19]。一九六〇年、国民年金制度が改正され、それまであったミーンズテスト（資力調査）が全廃された。一六歳以上で永続的に身体障害のある人には、国民年金制度の中の早期退職年金が経済補償として支給された。ミーンズテストがないため、障害程度だけで受給資格がつき、年金が受けられるようになった。その他、身体障害者のための経済支援として、傷病手当（身体的な障害が一年以上にわたると判断された場合の手当）、補正手当（老齢年金や全額早期退職年金を受けている人で、六三歳以前に全盲または重度の身体障害があるのに施設に入所していない人、早期退職年金の三分の一ないし三分の二の金額を受給している人で、仕事をするのに何らかの介助が必要な人を対象とする補足手当）、身体障害者補償金（一六歳以上で早期退職年金の受給対象にならない身体障害者で、働いている人を対象）があった。また、一六歳以下の重度障害のある子どもを持つ母親に対しても、身体障害者補償金と同じ金額が養育費として支給されていた。さらに、身体障害者に対しては、職業訓練や経済援助制度が存在していた。就職相談、就職斡旋が行われ、職業訓練の費用もミーンズテストがあるにしろ、支給されていた。労働するために必要であれば、補助具の購入費も支給されていたし、身体障害者用にアパートや自分の家を改造するときは、補助費が支給される制度もあった[20]。しかし、以上のように諸制度が進展すればするほど、諸制度における手続きの処理問題、各コミューン間の地域差の問題、そして、福祉専門職員の養成の問題が課題として顕著になってきた[21]。

また一九五〇年代、デンマークの知的障害のある子どもを持つ親の間で沸き起こったノーマライゼーション理念[22]の影響を受けて、一九六〇年代にはスウェーデンにおいてもノーマライゼーション理念が強まり、障害者福祉政策に取り入れられるようになってきた。一九六五年、身体障害児等のための生徒寮に関する法律（Lag om elevhem för vissa rörelsehindrade barn m.fl.）の成立により、身体障害児に教育を受ける権利が認められ、コミューンは身体障害児に対して基礎学校や特別支援学校（寮制度）で教育を提供しなければならないと規定された（第一条）。また、特別支援学校における寮は、身体障害児のニーズに応じて、必要なサービスを提供しなければならないと規定された（第二条）[23]。さらに身体障害児に対して、学校で児童を支援するパーソナルアシスタンス・サービスが提供されるようになった。サービス提供者は、児童について学校に行き、トイレ介助や食事介助を行ったり、ノートテイクも行ったりしていた。聴覚障害児は、手話の訓練を受けたサービス提供者を利用することができた[24]。また一九六七年には、知的障害者特別援護法（Lagen angående omsorger om vissa psykist utvecklingsstörda）が施行された。いわゆる旧援護法（Gamla Omsorgslagen）とよばれるものであり、ノーマライゼーションの理念を盛り込んだスウェーデン初の知的障害者の権利法であるといわれている。同法では、障害者も可能な限り、一般の人々と同じような生活のリズム、生活環境、経済水準を維持し、特別なサービスを受けながら、一般社会で生活できるように、住居・教育・労働・余暇など日常生活のあらゆる面での改善を具体的にはかることが目的とされた。これにより、すべての知的障害児も学校教育を受ける権利を得て、「教育不可能な」子どものために、特別支援学校のシステムの中に訓練学校を設けた。また成人用の福祉ホーム、学齢児用のグループホームが施設居住に代わるものとして位置づけられた。したがって、急速に特別支援学級の普通学校への、いわゆる場の統合や地域グループホームの増加などの動きが盛んになったのである[25]。施設への措置費は増え、新しい教育を受けた職員が雇用されるようになった。新しい施設では、ノーマライゼーションの思想をふまえ、男女が一緒に生活することも認められ始めた。障害者は自分で服を買うことや美容院に行くことも可能になった[26]。

一九六〇年代後半から、すべての国民が「安心して暮らせる」福祉社会形成のための本格的な社会福祉改革が模索され、「国民の家」構想の実現化に向けた改革が議論され始めた。一九六七年一二月、政府によって社会福祉に関する社会調査委員会が設置され、一九七〇年に国会で社会福祉中央委員会法が議決、社会調査委員会による実質的な活動が開始された。一九七〇年代に入ると経済が低迷したが、「国民の家」構想の実現に向けた努力が続けられた。一九七四年には、基本文書『社会ケアの目的と方策（Socialvården: Mål och Medel）』が作成され、この方針に対する膨大な意見聴取が行われた。その結果が『社会サービスと社会保険（補足給付）（Socialtjänst och Socialförsäkringstillägg）』としてまとめられた。さらに、その報告書を補強し、専門委員会による十分な検討も経て、一九七九年に原案である「社会サービス法」が提出された。国会では、慎重審議の後、一九八〇年六月に議決され、従来の社会扶助法（一九五六年制定）、禁酒法（一九五四年制定）、児童福祉法（一九六〇年制定）の三法が統一され、一九八一年に制定・翌年施行されることになったのが、社会サービス法（Socialtjänstlagen ＝ＳｏＬ）である[27]。

社会サービス法は、全七八条で構成されており、社会サービスを行う上での「自己決定の原則」と「プライバシーの原則」を基本原則として示す枠組み法である。第一条には、社会サービス法の目的と理念が示され、すべての人は同等の価値を有するという民主主義の価値観、及び連帯を基盤とした自由と自己決定の権利を重要な原則として掲げている。また、コミューンの責任についての規定（第二条から第四条）があり、各コミューンは、行政区域内のサービスについて全責任を負い、援助に関する責任をもたなければならないとされた。

さらに第五条から第七八条までは、社会福祉委員会の責務に関する規定（第五条）、援助を受ける権利に関する規定（第六条）、社会福祉委員会の活動の一般規定（第七条から第一〇条）、アルコール・薬物等の乱用者に対する措置に関する規定（第一一条）、児童及び青少年のケアに関する規定（第一二条から第一八条）、高齢者のケアに関する規定（第一九条及び第二〇条）、障害者ケアに関する規定（第二一条）、里親制度等に関する規定（第二二条から第二四条）、未成年者への援助に関する規定（第二五条）、未成年者のケアに関する社会福祉委員会の役割規定（第二六条から第三二条）、サービス費用等に関する規定（第三三条から第三七条）、委員会の構成に関する規定（第三八条から第四九条）、苦情意見等の処理手続きに関する規定（第五〇条から第五八条）、個人情報の扱いに関する規定（第五九条から第六六条）、地方行政庁の役割に関する規定（第六七条から第七〇条）、未成年者に対する虐待等の通告に関する規定（第七一条）、個人の保護やその他の措置を目的とする事件の移送に関する規定（第七二条）、決定に対する不服申し立てに関する規定（第七三条及び第七四条）、罰金に関する規定（第七五条及び第七六条）、マルメ、イエテボリ、ゴットランドのようなランスティングに属さない自治体についての法の適用規定（第七七条）、戦争時の社会サービスに関する規定（第七八条）という構成になる[28]。

特にこの法律において、第六条の援助を受ける権利が明記されたことが大きな特徴といえる。これにより、それまで援助は限られた者だけしか受けることができなかったのが、広範な社会サービスを国民の権利として受けることができるようになったのである。さらにコミューンが決定したサービスに不服がある場合は、不服申し立てを行うこともできるようになったことも大きな変化だった[29]。このように社会サービス法は、社会民主労働党政権が打ち出した代表的な政策のひとつであり、個人に権利を与えると同時に、行政機関に義務を負わせた法律なのである[30]。

社会サービス法に並ぶ重要な法律として、一九八二年に制定されたのが保健・医療法（Hälso och sjukvårdslagen ＝ＨＬＳ）であり、翌年に施行された。第二条において、同法の目的として、すべての国民に対等な条件で保健・医療サービスを提供するべきことが規定されている。また、良い保健・医療サービスに要求される前提条件として、サービスの質を向上すること、患者へ安心感を与えること、良いアクセス条件であること、患者の自己決定と人格を尊重すること、患者と保健・医療職員の人間関係を対等なものであるとすることが規定されている。さらに疾病予防の重要性、患者の死への尊敬ある対応、そして遺族への配慮、職員の質の向上、職員の数の確保、設備などのサービス資源の重要性について規定された。医療サービスは、患者と共に計画され、実行されなければならないということが強調されたのである[31]。

同法におけるサービスの内容と責務について、ランスティングは、医療サービスに関する責任だけでなく、ハビリテーションとリハビリテーションサービスの提供、身体障害者のための補助具の提供、視覚・聴覚障害者への通訳サービスの提供、おむつなど患者が常時必要とする医療品の提供、サービスを提供するランスティングの住民ではないが、緊急の保健・医療サービスを必要とする人へのサービス提供、住民のニーズに基づいた保健・医療サービス計画の策定、プライマリケアの拡充などを行うことが義務付けられ、地域における保健・医療と社会福祉の連携も強調されるようになった。また、それまでの病院医療中心から保健・地域医療重視へと政策の転換が行われた。患者が負担するサービス料金額は、ランスティングならびにコミューンの共通の規定として定められている[32]。

このようにノーマライゼーションとインテグレーションの流れが高まる中で、旧援護法への批判も高まってきた。その流れを受けて、国は一九七三年に「ケア調査委員会」を設置し、ノーマライゼーションの理念に基づく、より具体的な実態にみあう新法の作成に向けて動き出すことになった。こうした中、一九八一年に「ケア調査委員会最終報告書」が提出され、同年、保守連立内閣の政府案として知的障害者等特別援護法（Lagen om särskilda omsorger om psykist utvecklingsstörda m.fl.）が提案され一九八五年成立した。

知的障害者等特別援護法は、新援護法（Nya Omsorgslagen）といわれ、対象者を「知的発達が遅れている人のみならず、成人に達してから脳疾患や肢体不自由・病弱のために、重篤かつ恒久的な知的障害をもつようになった人々（一五歳以上の中途障害も含む）や幼少期に精神疾患（自閉症等）にかかった人々」（第一条及び第二条）としている。全二二条からなる新援護法は、サービス提供の活動目的として、旧援護法における活動の目的を引き継ぎ、ノーマライゼーションと個人の自己決定に基づいて行われるべきであることが規定されている（第三条）。また特別なサービスとして、パーソナルアシスタンスの利用やデイセンター、ショートステイ、グループホーム等が規定されている（第四条）。さらに第五条から第二二条までは、特別なサービスを受ける権利に関する規定（第五条、第六条）、ランスティングの責任に関する規定（第七条から第一二条）、サービス利用料金等に関する規定（第一三条）、委員会の構成に関する規定（第一四条）、職員の質に関する規定（第一六条）、個人事業に関する規定（第一七条）、社会庁の役割規定（第一八条）、政府の責任に関する規定（第一九条）、不服申し立てに関する規定（第二〇条）、その他（第二一条から第二二条）で構成されている[33]。新援護法は、入所施設および特別病院の解体の方針を初めて明示していたとされるが、新援護法による入所施設解体の方針やサービス内容を具体化していくには、実現が困難であることが認められ、施行の半年後には、法改正のための準備委員会が開かれるという状態だった[34]。

2-2 The Fokus Society の創設と当事者組織

第1節で概観したように、一九五〇年代頃まで救貧を目的とする政策がなされ、障害者は、親が介護や援助できない場合、病院や入所施設での孤独な生活を余儀なくされた。家族が援助できる者は自宅での生活となるが、家族の元で肩身の狭い思いをしながら暮らしていた[35]。障害のある子どもは、幼いうちから施設に入所させられたが、この決定には、医師や行政、専門職員の職権的な指示による影響が大きかった。その際には、親と医師、行政との相互協力や話し合いはほとんど行われず、医師は、障害のある子どもが生まれると、両親に子どもを手放して、その子どものことを忘れるようにアドバイスしてきたのである[36]。障害者を示す用語として「無能者」、「不具者・不自由者」、「虚弱者・白痴・精神遅滞者」などが使用される差別的な社会であり、障害者には人間としての権利が認められていなかった[37]。

一九六〇年代に入り、ノーマライゼーション理念が普及してからは、脱施設化の動きが出てきた。当時、施設や病院に入所せずに、地域で生活できたのは、日常生活においてパーソナルシスタンスに頼らなくても生活できた人だけであった。つまり、軽度の障害者しか地域社会で生活できず、重度の障害者は入所施設に「保護する」ことが最も適切な方法であると考えられていた。一九三〇年代に始まったパーソナルアシスタンス・システムが年月を経ても、基本的な形は変わらず、重度の身体障害者の生活を支援するようにできていなかったことも、重度障害者の地域生活がなかなか進展しなかった一つの原因であったと、当事者でありスウェーデンの当事者活動に携わってきたアドルフ・ラッカは指摘している[38]。

そのような状況の中で、入所施設に替わる生活の場を提供するために、The Fokus Society[39]（フォーカス共同体）が一九六四年に設立された。The Fokus Society は、重度の身体障害者に対して住居、ケアサービス等を提供し、障害のない人と同じ自立的な地域生活を可能にすることを目的としていた。The Fokus Society は、人里離れた入所施設ではなく、普通の住宅街にあるアパートを確保し、パーソナルアシスタンスの二四時間サービス対応システムを構築した。さらにそのアパートには、障害のない人も入居できるようにし、大規模施設の縮小版のようにならないようにした。前述したノーマライゼーション理念の具現化の第一歩ともいえる。最初の二八〇のアパートは、一二のコミューンに作られ、これらのアパートは車椅子の人が利用しやすいように設計されていた。身体障害者にとって、このようなバリアフリー住宅に住むことは、活動範囲を広げ、選択肢の幅も増加させたのだった。その一方でパーソナルアシスタンスの質の向上が課題として浮かび上がってきた。なお、The Fokus Society は、障害者の就労も奨励しており、身体障害者が職場を選び、就職し、それを維持し続けるための必要な援助を与えることを目指していた[40]。

The Fokus Society は、バリアフリーのアパートを増やす活動を続け、同時に、政府に対して障害者の住宅政策を整備するように働きかけていった。その結果、各コミューンは、一九七三年に身体障害者が利用しやすいようなバリアフリー住宅と二四時間のパーソナルアシスタンス・サービスを提供する責任を課された。一九七九年には、バリアフリーの整った住宅やパーソナルアシスタンスも増加し、一九八〇年代になると The Fokus Society が建設した集合住宅をフォーカスという言葉で呼ぶことは施設を連想させるという当事者組織からの批判もあり、「住居」を意味するスウェーデン語「ボーエンデ」と呼ばれることが主流となった。また、政府の住宅基準が新しくなり、さらに一九八七年に成立した計画建築法（Plan och Bygglagen: ＰＢＬ法）により、バリアフリー機能の整った住宅が整備してくると、次第に The Fokus Society の活動は衰退し、話題にされなくなった。The Fokus Society が実行してきたことを政府やコミューンが中心になって担うようになったのである[41]。このような動きが広まると、身体障害者のための入所施設は徐々に再編成され、病院の整形外科や一般の教育システムの一部として運営されるようになっていった[42]。

一九八三年一二月、ストックホルムで自立生活運動セミナー[43]が開かれた。その結果、翌年ストックホルム自立生活グループ（ＳＴＩＬ）が、重度身体障害者のためのパーソナルアシスタンスの選択肢を増やすことを目的として設立された。ＳＴＩＬは、それまでの The Fokus Society が考えたような住宅とサービスの一体型ではなく、住宅とサービスをそれぞれ別に提供することを主張した。そして、パーソナルアシスタンスの費用は、障害当事者にコミューンや国から支払われ、当事者は自分の選んだアシスタンスからサービスを受けられるようにするべきであると主張した。このような当事者からの主張や活動が後のスウェーデンにおける障害者福祉政策に大きな影響を与えたのである[44]。

以上のように、当事者の活動が活発になってくると、アクセシビリティの改善を考慮していかなければならなくなる。一九七九年、公共交通機関を身体障害者が利用しやすいようにするべきであるとして、一九九〇年までにバリアフリー整備を完成させるべきではないかという議論がなされ、障害者に対応させた公共交通機関に関する法律（Lag om handikappanpassad kollektivtrafik）[45]が制定された。しかし、障害者のアクセシビリティに関する明確な定義がなされておらず、また、公共交通機関の改善費用を事業者負担としたため、バリアフリー整備は進展しなかった。

第3節　障害者福祉政策の確立

3-1　一九九〇年代における改革

一九九〇年代は、スウェーデンの社会福祉政策にとって、変革の年だったともいえる。特に、高齢者福祉・障害者福祉分野で大きな変化が起きた。一九九二年に、エーデル改革（Ädre Delegationen）[46]と呼ばれる高齢者福祉改革がなされた。エーデル改革の目的は、長期的医療ニーズをもつ高齢者や身体障害者の医療と福祉サービスを統合することだった。これにより、保健・医療法に規定されていたリハビリテーションサービスの提供、補助具の提供等の責任がランスティングからコミューンに移行された。さらに一九九三年国連によって制定された「障害者の機会均等化に関する基準規則」の影響は大きく、以来スウェーデンの障害者福祉政策は、「基準規則」を土台にして成り立っているといえる[47]。

以下では、障害者の生活保障の充実に向けた一九九〇年代の新しい法律の要点について整理しておこう。

(1) 機能障害者のための援助及びサービスに関する法律 (Lag om stöd och service till vissa funktionshindrade)

いわゆるLSS法であり、後の章にも登場する障害者の権利法ともいわれる法律である。一九八〇年代後半から当事者運動の影響もあり、障害者の特別立法を新たに策定するため、議論がなされてきた。一九八九年、障害者の社会参加を進めるための調査委員会である「障害者政策に関する一九八九年委員会」が設置された。これは、ノーマライゼーションの過去の経緯を踏まえて二一世紀を展望する障害者施策のあり方を模索することを課題とするものであった。そして委員会の最終答申書に基づいて、新たに特別立法が必要であることが強調され[48]、新援護法(一九八五年制定)[49]と身体障害児等のための生徒寮に関する法律(一九六五年制定)を統合し、発展させた特別立法がLSS法として一九九三年に制定された[50]。その後、何度か改正されており、現在、障害者の権利をより強くしたものとなっている。

スウェーデンの障害者福祉政策にとって画期的な法律ともいえるこのLSS法は、障害者の社会参加を可能にし、当事者の意思が反映された自己決定を可能にする支援の実現を根本的な目的としていた。LSS法は、全三〇条から成り立っており、まず第一条で対象者を「①知的障害、自閉症、あるいは自閉的傾向を示す人、②成人後、事故や疾病、脳出血等による脳傷害で、永続的に一定の知的能力に機能障害を有している人、③上記以外で、日常生活に支障をきたし、その結果、援助・サービスを必要とする身体的又は精神的に継続的な機能障害を有する人。通常の高齢化による機能障害は除く」というように規定し、以前の法律では対象とされていなかった、身体障害、視覚・聴覚障害、その他の機能障害も含まれるようになった。

それでは第二条から第三〇条についても見ておこう。ランスティングとコミューンの援助における実施責任に関する規定（第二条及び第三条）、個人の権利に関する規定（第四条）、サービス活動の目的に関する規定（第五条）、社会保険機関、住宅機関、労働市場機関などの他の関連諸機関との連携に関する規定（第六条）、援助を受ける権利に関する規定（第七条及び第八条）、サービスに関する規定（第九条）、当事者を支援するための個別計画に関する規定（第一〇条）、長期にわたる薬物乱用等の理由により当事者がコミューンからの経済的援助を自分自身で受けることができない場合の規定（第一一条）、当事者、後見人、家族が不当な申請をした場合の規定（第一二条）、政府の当事者の安全確保に関する規定（第一三条）、コミューンの特別任務に関する規定（第一四条及び第一五条）、ランスティングとコミューンの責任についての共同規則に関する規定（第一六条及び第一七条）、手数料等に関する規定（第一八条から第二一条）、コミューンやランスティングの上部組織構成に関する規定（第二三条及び第二四条）、社会庁の役割に関する規定（第二五条及び第二六条）、不服申し立てに関する規定（第二七条）、個人事業者が違反した場合の罰則規定と報告義務（第二八条）、秘密保持規定（第二九条）、罰則変更の禁止（第三〇条）となっている[51]。

なお、第九条のサービスに関する規定の内容は、「①サービス（当事者と家族に対する助言と個別援助、パーソナルアシスタンスによる支援と経済援助（六五歳以下の人を対象））、②移送サービス、③コンタクトパーソン[52]による援助、④レスパイトサービス、⑤ショートステイサービス、⑥一二歳以上の学童児童への課外活動（学童保育）、⑦里親制度または、何らかの理由で自宅以外に住む必要性のある児童・青少年のための特別サービスつきの住居、⑧成人用の特別サービス付きの住居（グループホームも含む）、⑨職業又は、学業にもついていない人のための日中活動支援」である。このように、障害者の権利を明確に定義づけた法律がようやく制定され、実施されたのである。

(2) 介護手当に関する法律（Lag om assistansersättning＝LASS法）（以下、LASS法）

LASS法は、重度の身体障害者の自立生活を可能にする制度であり、LSS法と同じく一九九三年に成立した。LASS法により、一九三〇年代から存在していたパーソナルアシスタンス・システムが、法律として体系化された。また、前述したLSS法の第五条で規定されている

「生活条件の平等化と社会参加の奨励」を具体的に制度化したものである。このように、重度の障害があっても障害のない人と同じように生活する権利があることが認められたといえる。障害者のニーズに合わせ、生活全般、就学及び就労、余暇活動等における支援が行われ、援助内容も障害者の希望に合わせて決定されると定められている[53]。

ＬＡＳＳ法による対象者は、六五歳以下の重度障害者で、一人で生活している人、家族と生活している人、またＬＳＳ法第九条のパーソナルアシスタンスによる日常生活援助を受ける権利があり、週に二〇時間以上の援助が必要な人である。パーソナルアシスタンスに係る費用は、一週間に二〇時間以上の支援が必要な場合、政府が負担し、二〇時間以下の支援で十分な場合は、コミューンが負担するが、二年ごとに再審査・再決定が行われる。ＬＡＳＳ法では、障害者の自己決定を尊重するという視点から、パーソナルアシスタンスを当事者が雇用することも可能になった[54]。

なお、ＬＡＳＳ法は二〇一一年一月より、パーソナルアシスタンスに係る費用等については、「社会保険法（Socialförsäkringsbalken：以下ＳＦＢ）」に統合された[55]。

（3）ハンディキャップ・オンブズマン法

全五条からなるこの法律は一九九四年に制定され、ハンディキャップ・オンブズマンが設置された。これにより、ハンディキャップ・オンブズマンは障害者の権利を守り、一九九三年に国連によって制定された「障害者の機会均等化に関する基準規則」が国内で遵守されているかどうかを監視する役割を担うことになった。第一条では、その目的として、障害者の完全参加と平等な生活条件の獲得に関する規定が掲げられている。ハンディキャップ・オンブズマンは、障害者の自己決定権を保障し、社会参加を促進する総合的視点から障害者の生活条件を改善していくための役割を担っている。またハンディキャップ・オンブズマンは、法律・条令で不足している内容を改善する活動（第二条）、障害者が差別を受けたり、不当な扱いを受けたりしないように障害者団体、企業、行政機関との連絡を保ち、情報提供する活動（第三条）、地域での研究・発展活動に貢献する活動を行っている。第四条においては、障害者福祉の責任を負う行政機関であるランスティングとコミューンは、各事業に関する報告書をハンディキャップ・オンブズマンに提出する義務があると規定されている。また第五条では、ハンディキャップ・オンブズマンは政府によって任命される国の機関であり、内閣府は任期を定める旨が規定されている。なお任期は六年である。ハンディキャップ・オンブズマン法施行後、ハンディキャップ・オンブズマンは、障害者の権利を守り、差別禁止を監視する役割を強く求められるようになった。二〇〇八年に差別オンブズマン法が制定され、ハンディキャップ・オンブズマンも統合され、再構築されている[56]。

（4）入所施設解体法

一九九六年に国会で入所施設解体法が承認された。脱施設化の動きは一九七〇年代から始まっていたが、費用の問題、人材的な問題、住宅不足の問題等があり、すぐに脱施設というわけにはいかなかった。地域で生活する条件を整えるために、法律の整備やバリアフリー化を図るために補助金を出したりすることによって、徐々に地域での生活が確立されていったといえる。この法律により、すべての入所施設の解体期日が一九九九年一二月三一日と規定された。以来、入所施設を徐々に解体し、障害者の生活の場を地域でのグループホーム、支援付きのアパート、または通常のアパートに移行させた[57]。

3-2 社会への完全参加の実現に向けて

二一世紀に入ってからも、障害者の社会への完全参加を実現するべく、政策を改正していく試みが行われている。その政策の最初の試みが、社会サービス法を改正することだった。すでに一九九七年に社会サービス法を改正する動きがあり、二〇〇一年に改正された。この改正の目的は、社会サービスにおけるコミューンの責任を明確にするためであり、社会サービス法の理念や目的を変更するものではない。また、多様なニーズに適切に対応することや、社会サービスの効率化の要求に応えることを可能にするために、社会福祉専門職の専門性の強化と質の向上を図ったのである[58]。さらに、法改正により援助を受ける権利が明確に規定され、より細かく援助内容が明記されることになった。たとえば、収入が低く、生活保護を受けなければならない場合、以前の食料品、衣料品、余暇、公衆衛生、新聞代、電話代、テレビなどの費用に加え、歯科ケア、医療ケア、眼鏡、旅行、葬儀にかかる費用に関しても経済援助を受けることができるようになった[59]。

社会サービスは、個人のニーズに応じて提供されるべきであり、また多様化するニーズに対応できるように関係機関や行政との連携が必要である。この改正により、不服申し立てに関する権利も強くなり、生計援助に関する決定と、支援やホームヘルプサービスなどのようなサービス援助に関する決定についても行政裁判所に訴えることができるようになった。すべての人が援助を要求する権利を持つことになったのである[60]。

二〇〇〇年にスウェーデン政府は、前述の一九九三年に国連によって制定された「障害者の機会均等化に関する基準規則」に基づき、障害者福祉政策のための行動計画を策定した。これは、二〇一〇年までの一〇年間で、障害者の完全参加、障害者間の男女平等、及び差別のない社会の構築を目指し、そのために、政府が責任を持って公共交通機関、情報、メディア、教育、労働、社会サービス、文化などへの障害者のアクセスを容易にし、彼らの社会参加を保障しようとするものである[61]。

二〇〇八年には新差別禁止法が制定され、翌年施行された。新差別禁止法は、平等法（一九九一年制定）と民族・宗教・信仰上の雇用差別禁止法（一九九九年制定）、障害者雇用差別禁止法（一九九九年制定）、そして性的指向上の雇用差別禁止法（一九九九年制定）のすべてを統合し、より強力な差別禁止法として制定されたものである。この法律の施行により、これまでの差別禁止に関するすべての法律と平等法は廃止された。新差別禁止法においては、第一条で、性差、性同一性障害、民族、宗教、信仰、障害、性的指向、年齢による差別を禁じ、他の人と同じ権利と可能性を持てるように支援することを目的としている。全六章で構成されており、職場や、雇用、教育現場、社会サービス、病院、保健医療等、日常におけるあらゆる場面の差別を禁止している。また、第四章で差別オンブズマンの設置と差別委員会の設置について規定され、さらに第六章には訴訟について明記されており、障害者等、マイノリティに属する人々の権利を強めたものとなっている[62]。

新差別禁止法の注目すべき点は、第四章の監視制度に明示された差別オンブズマンと差別委員会の設置であり、この監視制度が機能することにより、法律の実行力が高められている。また、法律に抵触した場合の罰則規定も設けられ、差別禁止規定がより強化される内容となっている。ただしスウェーデン政府は「今までにない強力な差別禁止法」と謳っていたが、障害者団体は、差別に関する政府の認識は非常に甘いとし、法律の曖昧さと不十分さを指摘しており、今後も変化していくと思われる[63]。

二〇〇八年に制定された新差別禁止法の施行と同時に、差別オンブズマン法が二〇〇九年一月一日に施行された。差別オンブズマンは、以前から設置されている人種や民族差別を受けた人の権利擁護のための差別オンブズマン（DO）、性別を理由に差別を受けた人の権利擁護のための平等オンブズマン（JämO）、障害者の権利擁護のためのハンディキャップ・オンブズマン（HO）、同性愛者の権利擁護のための性的指向オンブズマン（HomO）が統一され、再構築されて設置された。差別オンブズマンは、差別を禁止し、マイノリティの権利擁護のために、①情報提供や研修を行うこと、また、行政機関、企業、当事者、当事者組織と連絡を常にとること、②国際動向に従うこと、また、国際組織と連絡をとりあうこと、③調査や開発研究を行うこと、④政府とともに、現状の変化に対応し、また、差別と闘うこと、⑤その他、必要に応じて適切な措置をとることを活動内容としている[64]。

また、二〇一一年五月二日、以前の計画・建築法は廃止され、新計画・建築法が施行された。特に、身体障害者の社会参加促進のために、アクセシビリティの保障を明確に示し、車椅子に配慮した設計にするべきことや、すべての人にとって使いやすいデザインを考慮した設計にするべきことが盛り込まれた[65]。

表3-1は、スウェーデンの障害者福祉政策とそれに関連する政策の発展をまとめたものである。本章ですでに見てきたように、スウェーデン政府が行ってきた障害者福祉政策は、初期においては生活保護と同様に扱われていた。伝統的な医学概念中心で障害が捉えられ、その視点で施設処遇や

治療目的の教育・訓練が行われていた。その後、知的障害をもつ親の間から普及したノーマライゼーションの理念が社会に広まり、当事者運動が盛り上がりを見せ、障害者をひとりの人間として捉えるという方向で障害者福祉政策の根本的理念に影響を与えてきた。

一九七〇年代には障害が生活環境条件と関連づけて考えられるようになり、住宅をバリアフリーにし、パーソナルアシスタンスを利用することによって、地域での自立生活を実現する試みが実践され始めた。障害があっても援助を受けながら障害のない人と同様に、地域で生活することを可能にする動きである。また、障害を生活環境と関連づけて考えるべきであるという理念は、今日のLSS法や社会サービス法の基礎となり、障害者だけでなく、国民全員が基本的権利を持つべきであるという理念の生成に繋がった。障害者には、可能な限り社会に統合され、援助を受けながらでも障害のない人と同じ生活を送る権利があることが示されている。

そして、二一世紀になってから障害者の完全な社会参加を実現すべく、さまざまな取り組みが続けられている。前章で確認したように、二〇〇〇年の行動計画で、政府が責任を持って公共交通機関、建物、情報、社会サービス等へのアクセシビリティ整備を行うことを示した。一〇年間の行動計画の期間は終了したが、更なる改善に向けての取り組みが行われている。また新差別禁止法により、障害者も含めたマイノリティに対するあらゆる差別の禁止が規定された。新計画・建築法では、アクセシビリティの保障が明確にされた。このように、スウェーデンの試みは単なる理念にとどま

表 3-1　スウェーデンの障害者福祉政策と関連する政策の発展

1847 年	救貧法
1913 年	禁酒保護に関する法律
1918 年	救貧法改正
1924 年	児童福祉に関する法律
1928 年	「国民の家」構想
1931 年	疾病保険法
1934 年	失業保険法
1935 年	スウェーデン不妊法
1941 年	スウェーデン不妊法改正
1944 年	スウェーデン去勢法（性的犯罪者）
1954 年	断酒保護法
1956 年	社会扶助法
1960 年	児童福祉法
1965 年	身体障害児等のための生徒寮に関する法律
1967 年	知的障害者援護法 (旧援護法)
1975 年	スウェーデン不妊法改正（本人の同意がない不妊手術はすべて禁止）
1979 年	身体障害者にとって利用しやすい公共交通機関に関する法律
1981 年	社会サービス法成立→断酒保護法、生活保護法、児童保護法の廃止
1982 年	保健・医療法
1985 年	新援護法
1987 年	計画・建築法
1993 年	LSS 法・LASS 法→新援護法の廃止
1994 年	ハンディキャップ・オンブズマン法
1996 年	入所施設解体法承認
1999 年	障害者雇用差別禁止法
1999 年	12 月 31 日　すべての入所施設の解体
2000 年	国の行動計画策定（2010 年までに障害者のアクセシビリティに関する計画）
2001 年	社会サービス法改正
2008 年	新差別禁止法（既存の差別禁止法すべて統合）
2009 年	ハンディキャップ・オンブズマン法を差別オンブズマン法に統合 （ハンディキャップ・オンブズマン法廃止）
2010 年	新計画・建築法
2011 年	社会保険法（SFB）に LASS 法を統合

出所：仲村優一ほか編（1999）『世界の社会福祉 1 ――スウェーデン・フィンランド』旬報社をもとに、最近の動向を筆者が加筆して作成。

らず、障害者福祉政策のさらなる改革と一層の充実を目指し、障害者の社会参加を保障する具体的な取組みが展開されるまでになっているのである。現在、スウェーデンにおいては、障害者だけではなく、移民や難民など母国が異なる人も増え、マイノリティ全般を包括的に支援する社会を構築していく仕組みづくりに取組んでいる。そのため、ますます複雑化していく社会問題にどのように対応していくのかが政府の課題ともいえる。

■注

1　この教会区が現在のコミューンと呼ばれる行政単位になる。

2　Magnus Tideman. ed.（2000）, p20.

3　一八五三年ドイツのライン地方のエルバーフェルト市にて誕生した制度。救貧委員が貧民に実際に接し援助を行う。この制度は海外に広まり、日本では民政委員の前身である方面委員制度として発達した。なおエルバーフェルト制度の詳細については、加来祥男（1994）の研究を参照にされたい。

4　Magnus Tideman .ed.（2000）, pp21-22.

5　Magnus Tideman. ed.（2000）, pp19-20.

6　Magnus Tideman.ed.（2000）, pp22-24.

7　聴覚障害のある子どものために、ストックホルム・ユールゴーデンに設立された歴史ある学校。現在、就学前クラスから一〇年生まで約一二〇人の生徒が通っている。国立特別支援教育庁（ＳＰＳＭ）ホームページ：http://www.spsm.se/（検索日：2019/10/21）を参照されたい。

8　非常に信心深く、慈善活動に積極的に取り組んでいたスウェーデンの王女Eugenie（1830-1889）が貧困の子ども、慢性的疾患のある子ども、身体障害のある子どものためにストックホルム郊外に設立した。病院と学校を併せた施設。その活動は二〇〇四年に終了し、現在、Eugeniahemmetは、歴史博物館として一部使われている。Solna Stad（ソルナ市）ホームページ：http://www.solna.se/sv/stadsbyggnad-trafik/stadsmiljo/kulturmiljoer-i-solna/karolinska-sjukhuset/eugeniahemmet/　（検索日：2011/8/21）を参照されたい。

9　視覚障害児のための学校。ストックホルム郊外Tomtebodaに設立された。一九八六年六月六日、最後の生徒が卒業し、学校は廃止となった。Solna Stad（ソルナ市）ホームページ：http://www.solna.se/sv/stadsbyggnad-trafik/stadsmiljo/kulturmiljoer-i-solna/karolinska-institutet/tomtebodaskolan/　（検索日：2011/8/21）を参照されたい。

10　Magnus Tideman.ed.（2000）, pp25-26.

11　Magnus Tideman.ed.（2000）, p22.　一七五七年からてんかん患者は法律で結婚を禁止されていた。そして一九三五年には不妊法が成立し、知的障害者には不妊及び断種手術が行われ、残念ながらこのような障害者の人権を無視した政策を解決するには、一九七〇年代半ばまで待たなければならなかった。なお、スウェーデンの優生思想については、新聞報道を基にまとめた二文字理明ほか（2000）を参照されたい。また、ようやく一九三五～一九七五年までの共生不妊手術の事実が明るみになったのが、一人のジャーナリストが告発した一九九七年であった。政府は、その報道直後から、調査委員会を設置し、事実関係を調査したうえで一人当たり一七万五〇〇〇クローナ（当時約二五〇万円）を補償するとした（毎日新聞：2018/4/16）。

12　岡沢憲芙（1991）, pp76-77.

13　仲村優一ほか編（1998）, p175.

14　Socialstyrelsen（2006）.

15　仲村優一ほか編（1998）, pp233-234

16 高島昌二（2007），p124.

17 現在のパーソナルアシスタンス制度とは、障害者の生活全般にわたるニーズに対して提供される個別支援のことであり、雇用形態は、障害者本人が面談して雇う（家族であっても良い）。本書第5章及び第6章を参照。

18 ラッカ、A・D／河東田博ほか訳（1991），pp37-38

19 岡沢憲芙（1991），pp80-81.

20 一番ヶ瀬康子ほか（1968），pp122-125.

21 一番ヶ瀬康子ほか（1968），pp42.

22 ノーマライゼーション理念については、ベンクト・ニィリエ／河東田博ほか訳編（1998）や花村春樹（1994）が詳しい。

23 スウェーデン法律検索サイト：http://www.notisum.se（検索日：2011/08/19）参照。

24 ラッカ、A／D／河東田博ほか訳（1991），p28.

25 高島昌二（2009），p125.

26 ラーション、Jほか著／河東田ほか訳（2000），pp71-72.

27 馬場寛ほか訳編（1997），p106.

28 馬場寛ほか訳編（1997），pp45-83及びスウェーデンの法律検索サイト：http://www.notisum.se/（検索日：2011/9/19）を参照。

29 仲村優一ほか編（1998），pp342-345,pp355-379.

30 馬場寛ほか訳編（1997），pp107-108.

31 仲村優一ほか編（1998），pp273-274.

32 高島昌二（2007），p126.

33 スウェーデンの法律検索サイトNotisum（検索日：2011/9/19）http:www.notisum.se/から法律原文を参照。

34 高島（2007）．p126.

35 Bratgard、Sven-Olof ほか／奥田英子訳（1974）参照。

36 ラッカ、A・D／河東田博ほか訳（1991）,pp48-49.

37 高島昌二（2007）, p124.

38 ラッカ、A・D／河東田博ほか訳（1991）,p39.

39 本来、英語を使用するならば、Focus にするべきであるが、ラッカ、A・D／河東田博ほか訳（1991）では、スウェーデン語の Fokus を使用しているため、本書では、それに倣い、あえてスウェーデン語の Fokus を使用することにする。

40 Bratgard、Sven-Olof ほか／奥田英子訳（1974）と、筆者と Ratzka 氏とのメールのやり取りを参照。

41 ラッカ、A・D／河東田博ほか訳（1991）, pp49-50.

42 エルメル、A ほか編／清原舞訳（2010）, p86.

43 一九八三年一二月、自立生活運動セミナーが三日間にわたってストックホルムで開催された。アメリカやイギリスからも当事者団体の設立者等が参加し、一〇〇人を超える参加者だった。参加者はパーソナルアシスタンス制度の必要性を訴えた。Ratzka.A.D（2003）を参照されたい。

44 ラッカ、A・D／河東田博ほか訳（1991）, pp67-68.

45 日本語訳で、「公共交通機関の障害者用施設に関する法律」とされているが、法律の趣旨と内容を見ると、公共交通機関を障害者がアクセスしやすいように改善するようにするべきであるという意味であるので、本章では、日本語訳を「障害者に対応させた公共交通機関に関する法律」とする。なお、この法律については、SverigeRiksdagen（国会）ホームページ：http://www.riksdagen.se/（検索日：2011/8/21）を参照。

46 本書第1章第2節も参照されたい。

47 仲村優一ほか編（1998）が詳しい。

48 高島昌二（2007）, pp130-132.

49 一九八五年成立の「知的障害者等特別援護法（新援護法）」のこと。これにより、一九六七年に成立した「知的障害者特別援護法（旧援護法）」は廃止された。対象者を「知的発達が遅れている人のみならず、成人に達してから脳疾患や肢体不自由・病弱のために、重篤かつ恒久的な知的障害をもつようになった人々（一五歳以上の中途障害も含む）や幼少期に精神疾患（自閉症等）にかかった人々」とした。しかし、同法におけるサービス内容を具体化していくためには、実現が困難であることが認められ、施行の半年後に法改正のための準備委員会が開かれることになったといわれている。本書第4章第1節及び高島昌二（2007）,p126を参照されたい。

50 馬場寛ほか訳編（1997）, p108.

51 Bengt Olof Bergstrand（2005）が詳しい。また、第三〇条については、二〇〇九年に追加されている。SverigesRiksdagen（国会）ホームページ：https://www.riksdagen.se/（検索日：2020/3/15）参照。

52 コンタクトパーソンとは、専門職者ではなく、一般の人でこの仕事に興味のある人がコミューンと契約して、障害者（高齢者）本人の話し相手や相談相手、社会参加の手助けなどのサービスを提供する人のことである。

53 筆者とRatzka氏とのメールのやり取りによる。

54 Bergstrand.B.O（2005）, pp66-75.

55 ＬＡＳＳ法によるパーソナルアシスタンスの時間数等の規定をＳＦＢに統合し、その他の項目についてはＬＳＳ法に統合した。それに伴い、ＬＳＳ法も改正され、社会庁の権限の明記、ＬＳＳ法による個人の権利、また子どもの権利についても強調されている。清原（2018）を参照。

56 SverigeRiksdagen（国会）ホームページ（法律原文）：http://wwww.riksdagen.se/（検索日：2011/8/30）を参照。

57 ラッカ、Ａ・Ｄ／河東田博ほか訳（1991）, pp55-57.

58 仲村優一ほか編（1998）, p350.

59 Socialstyrelsen（2001）, p10 参照。

60 Socialstyrelsen（2001）, p3 参照。

61 本書第2章を参照。

62 SverigesRiksdagen（国会）ホームページ（法律原文）: http://www.riksdagen.se/（検索日：2011/9/01）を参照。

63 河東田博（2009）,p1.

64 差別オンブズマン（DO）ホームページ : http://www.do.se/（検索日：2011/9/01）参照。

65 SverigesRiksdagen（国会）ホームページ : http://www.riksdagen.se/（検索日：2011/8/31）を参照。

第4章

障害者の権利擁護運動

スウェーデン全国知的障害者協会（ＦＵＢ）の活動

本書第3章で確認したように、スウェーデンにおける障害者福祉の歴史的展開を見ると、一九八〇年代頃までは、障害者差別の歴史であったことがわかる[1]。そのスウェーデンの障害者福祉政策の中で、障害当事者の権利を保障していくよう、行政に働きかけていった当事者組織の一つであるスウェーデン全国知的障害者協会（Riksförbundet För barn, unga och vuxna med utvecklingsstörning: ＦＵＢ。以下ＦＵＢと表記）の影響は極めて大きい。本章では、筆者が二〇一〇年に訪れたストックホルムにあるＦＵＢ本部の視察やインタビューを通して、スウェーデンにおける知的障害者の権利擁護とＦＵＢの活動を紹介するとともに、日本での知的障害者の権利擁護のあり方についての示唆としたい。

第1節　ＦＵＢの歴史的活動と障害者福祉政策

それではスウェーデンの障害者福祉政策の発展とＦＵＢの活動（当事者組織）はどのように関連していたのかを詳しくみていきたいと思う。

本書第3章で述べてきたように、障害のある子どもが生まれると医者達は家族に、「子どもは施設に入所させ、その子のことは忘れなさい」と言ってきた時代があった。大半は、医師の指示に従い子どもを手放し施設に入所させていたが、医師の指示に反して、自分の元に子どもを残して育ててきた親達がいた。ＦＵＢはそんな親達の中から生まれた、知的障害者の親の会であった。一九五二年、ストックホルムで親睦団体として設立し、一九五六年に各地方に支部を置く全国組織となった。当時、社会は子どもを教育出来るものと出来ないものとに分けることしか考えなかった。したがって、結成当時のＦＵＢは知的障害のある子ども達の教育・訓練、家族の相談といった実践的な活動をしており、行政が担うべき福祉の肩代わりをしていた[2]。

一九五〇年代、ＦＵＢ発足当初の要求は、家族の負担を軽減するために入所施設を増やすことで、一九六〇年代から一九七〇年代にかけて、この要求はＦＵＢの到達目標プログラムなっていった[3]。ただし、単純に入所施設を増やすというのではなく、既存の入所施設の改善と変革を政府に要求していったのである。同時に、それまで知られていなかった施設の現状を一般社会に公開するように行政に働きかけていった[4]。また、一九六四年FUBに付属研究所が設立され、知的障害者の心理や教育についての研究、社会調査などに大きく貢献してきた。法律改正も要求し始め、特別サービスに対する公的責任が法律で明記されるようになった一九六八年以降、ようやく行政の目付け役と圧力団体としての役割を担うようになった。

一九六〇年代後半になると、知的障害者の意見や要求を聞く試みが行われ、社会の関心が障害の認識や障害者の自己決定に向けられていった。当然、FUBにおいても当事者の参加と自己決定権を保障する試みが行われ、親の会から当事者主体の会に変化していった。一九六八年、FUBは当事者も参加する全国会議を開き、仕事や住居、余暇などについて討論し、これらの点について社会に対して、強く要求し始めた[5]。

一九七〇年代には、すでに、FUBとして国及び地方レベルの各種委員会や公共の企画への意見反映の機会を得、行政機関の定期会合への参加や行政担当者との定期会合がもたれるなど、組織としての政策立案への参加・参画を可能にしていった。一九七六年のFUB全国会議では、人間の尊厳、インテグレーション、ノーマライゼーション、すべての人のための社会、そして、他の障害当事者組織や国際団体との協働がFUBの到達目標プログラムとして謳われた。しかし、その当時は、FUBのこのような取り組みに知的障害当事者は誰一人加わっていなかった[6]。

一九八〇年のFUB全国会議で、当事者をFUB正会員にすると認めることなどを提示した「FUBにおける知的障害をもつ人の参加と決定に関する提案」が決議された。このとき了承されたのは、すべての者はFUBの会員となれる、会員は機関誌を通常版と知的障害者でもわかるように書かれたもののどちらかを選ぶことができる、FUB支部の理事会を知的障害者が加われるように変えるべきである、知的障害者が加われるような講座や会議を設定すべきである、FUB事務局の予算と人員を増やすべきであるという点であった。この決議により、まず取り組まれたのが、当事者会員と一般会員がペアになり、互いに助け合いながら、本人会員は自分の障害について話し、一方、一般会員はFUBとは何か、知的障害とは何かを話すことを学ぶペア教育であった。これにより、正しい障害理解を推進し、社会一般の障害認識を変えるという意味があったのである[7]。また、一九八二年から当事者が正会員として最高決議の場である全国会議（隔年開催）に参加し始め、FUB内部での本人の参加と決定への道が開かれた[8]。

このように知的障害者の社会参加と自己決定への関心が高まるにつれて、それまで大規模入所施設を作ることを目標としていたFUBの考えにも変化がみられるようになった。一九八三年、初めてFUBの施設解体に関する見解が到達目標プログラムとして示されたのである。FUBも同意した政府による施設解体の方針表明以降も、FUBの地方支部は施設解体には消極的だったが、時代の流れは確実に施設解体の方針に変わっていった[9]。一九八四年、FUB全国大会でオーケ・ヨハンソン氏が当事者としては初めて全国常任理事に選出された。これにより、ＦＵＢは、親と施設職員だけの会から本人も参加可能な組織となった。オーケ・ヨハンソン氏は、一九八五年に知的障害者等特別援護法（新援護法）草案に対する国会聴聞が行われた時、当事者代表として意見陳述し、法案用語の一部を適切な用語に変えさせるなど、政策決定にあたり大きな役割を果たした。一九八八年にはラーシュ・サリーン氏、一九九〇年にはコニィ・ベリィクビィスト氏が全国常任理事に選出され、三人の当事者全国理事がＦＵＢ内に誕生したのである[10]。

一九八六年新援護法施行後もＦＵＢの取り組みは続き、中でも当事者として全国常任理事に初めて選出されたオーケ・ヨハンソン氏の意見の影響は大きかったといえる。彼は、新援護法の問題点として、障害者の労働、教育、年金について言及しており、その結果、新援護法は廃止され、一九九三年に障害者福祉に関する画期的な法律であるＬＳＳ法が成立したともいえる。この法律を通して、障害者のノーマライゼーションへの道は、新しい段階に突入したのである[11]。

一九九五年五月、ＦＵＢ内の知的障害当事者が主体的に運営する委員会が組織内で独立し、新しい役員体制の下で「クリッパン」という名称で活動を始めた。それは、何年も議論した結果によるものだった。重度の障害のある子どもを持つ親達と当事者の間で摩擦があり、独立する形になった。現在はＦＵＢ協会に重要な情報を提供しながら協働で活動している[12]。

第2節　FUBの組織と活動

今日FUBは、国・地方公共団体・他の当事者組織と協力して、障害者の生活がより良いものになるように活動している。そして、当事者の発言が増え、その発言に重みが増してきている。また世界の当事者組織と協働して活動を行っており、世界の多くの国々に影響を与えている。一九五七年、国内には一一のFUB協会の支部があったのが、今日、地方支部は約一五〇カ所設置され、約二万五〇〇〇人の会員で活動している。このうち約二〇%から二五%が知的障害当事者にあたるといわれている[13]。

以下、現在掲げている基本方針と組織を具体的に見てみよう。

FUBは「人は、それぞれ違って当たり前であり、その違いに価値がある。社会はすべての人のためにあり、すべての人が安心して、快適な生活を送る権利がある。すべての人は、それぞれの生活の中で決定する助けを得るべきである。すべての人は、新しいことを学ぶ権利とそれぞれの方法で、学んだことを発展させていく権利がある。また、政府、ランスティング、コミューンは、すべての人が必要な援助を受けることができるように責任をもつべきである。」ということを基本指針に活動している。

目的は、以下の八つの項目である。

①すべての人は、快適に生活できるように、また、どのように生活したいかを決めるために、必要な援助を得られるようにすること

②すべての障害者は、障害のない人と共に生活できるようにすること

③すべての人は、国連の障害者の機会均等化に関する基準規則を遵守するようにすること

④社会で不公平に扱われないように。つまり、すべての人は、法律を遵守し、障害者差別のない社会にすること

⑤すべての人は、必要な福祉機器や他の支援を得られるようにすること

⑥すべての人は、重要な情報、ニュースなどを理解するための援助を受けることができるようにすること

⑦すべての人は、お互いに会話できるための援助を受けることができるようにすること

⑧世界中のすべての人が上記のような良い権利を得られるように活動すること

ＦＵＢの活動は後に詳しく紹介するが、知的障害者の生活全般と自己決定の部分において支援を行っている。その中で最も重要な役割が、情報公開と政治活動、他の行政機関と責任を持って協働

すること、そして会員支援である。そのためにＦＵＢは、知的障害や重複障害についてのさまざまな知識と経験を広く提供している。また、さまざまな関係諸機関との協働活動は、ＦＵＢの目的とビジョンを実行するために非常に重要である。その目的は、どのように知的障害者の権利を擁護していくのかということの視点を社会に提供していくことである[14]。

ＦＵＢ本部、支部両方において、すべての人が安心して生活する権利を得られるようにサポートすることが重要である。知的障害者が、必要な支援と経済援助、訓練、教育、住居、仕事、自由時間、福祉機器を得られるように援助することである。さらに、その両親、親戚に対して、適切なアドバイスや支援を行うこと、施設職員に対して、さまざまな研修や知的障害を理解できるように支援すること、国民に対して知的障害についての正しい知識をもってもらえるように働きかけることが主な活動である。

(1) ＦＵＢ本部の活動

ＦＵＢ本部には一七名のスタッフがおり、協会会長、秘書、オンブズマン、アドバイザー、法律家、会員登録管理・経済援助に関するアドバイザー、研修・会議担当者、指針・国際関係、インターネット管理者、情報管理者、企画者で構成されている。

中心となる活動は、当事者の権利擁護である。そのために、他の障害者団体と協働し、政治参加、国の調査に協力、広報活動を行っている。また、会員個人、施設職員、その他の関心のある人に対してのアドバイスを行っている。

ＦＵＢ本部では、二人の弁護士と二人のオンブズマンが中心になりアドバイスを行っている。ＦＵＢオンブズマンの役割は主に三つの項目に分類される。①政治活動（中央政府レベルで実行される政策に意見を提供したりすること）、②会員アドバイザーとしての役割（オンブズマンは、知的障害者の権利や援助についての必要な情報を、知的障害者の両親、兄弟姉妹、本人と関わりの深い親戚等に提供する）、③オンブズマンは、委員会、課題研修、教育等を通して知的障害者に関する知識を広める役割も担う。ＦＵＢの情報資源、パンフレット、政策プログラムなどの開発と協力も含まれる。またオンブズマンは、ハビリテーション、住居、教育、社会保険、労働市場、移送サービス、福祉機器などのさまざまな分野で活動している諸主体と協働しなければならない。

ＦＵＢの弁護士は、ＬＳＳ法を含む様々な法律、住宅課題等での法律的なアドバイスを会員に与えることが主な役割になる。ＦＵＢ協会本部でのオンブズマンと政策課題にも協働して取り組んでいる[15]。

会報誌「ＵＮＩＫ」を発行し、すべての会員に送付する。たとえば、特別支援付きの住宅についての観点、個別支援計画、支援活動、国際的な活動、法律による権利などについて取り上げている。これらの会報誌や記事は、インターネット上でも公開されている。国際的な活動としては、障害者の労働、教育、住宅、貧困、医療、余暇などのさまざまな問題を取り上げ、各国にある当事者組織や親の会と協力してお互いに良い部分を学び合い、情報や経験を交換し合っている。世界の障害者が差別や排除されることなく、インクルージョンされるように、ＦＵＢが取り組んでいる他の主な例としては、他国に食糧・経済援助、経験や知識の支援、障害者の社会参加や自己決定に向けた支援がある。

思春期の生徒に対して、テキストとして、映画やＤＶＤを作成し公開している。性教育のためのビデオや、脳の働き、知的障害とは何かということ、卒業後の進路（仕事を探すこと、住居など）に関する準備についての情報提供も行っている。

また、学校などの教育機関、警察との協働や、移民などの他の関連する団体との協働も行う。特に、知的障害者に対する知識、認識をもってもらうために、教育機関、警察との連携は重要なことである。ＦＵＢから独立した形をとる当事者組織である「クリッパン」と協力することもＦＵＢ本部の活動の一つになる。

以上のように、知的障害者の生活条件を良くし、彼らが自己決定できるように支援していくためには、広く知識を広め、一般の人の障害認識を変えていくことや、政治の場で意見を言い、法律を変えていく動きが重要なのである。特に知的障害者は、一見、障害者と認識しにくい場合も多く、そのために誤解が生じる場合がある。現在、ＦＵＢ本部が取り組まなければいけない課題として、アスペルガー症候群などの広汎性発達障害のある人達の支援の仕方がある。その際、学校教育、職場などでの適切な支援と連携が必要である。

(2) 地方支部の活動

ＦＵＢのほとんどの社会活動は、約一五〇ある地方支部で行われる。それらはお互いに協力し合い、お互いの経験や情報を交換し合う。

ＦＵＢの日頃の政策活動は、コミューンに対して行われている。すべてのコミューンで、住居、日常活動などのサービスの決定を行っているため、地方支部の役割は大きいといえる。より住民に近い場所で支援するため、当事者や家族の立場に立った支援が行えるのである。地方支部で主な役割を担っているのが、法定代理人と会員アドバイザーであり、その地域に住む当事者、家族に対してより適切な援助が可能となっている。

法定代理人は、法律問題に関してＦＵＢ会員を支援する役割を担っている。障害者にとって重要である法律に焦点を当てて、法律の知識に関する基礎研修を行っている。また、判例法や法改正に関する最新の情報を継続的に得ている。具体的には法律、権利、有効な判例法に関する情報や、どこでどのように援助を得られるかについての情報を提供し、援助申請の仕方、不法行為に対してどのように対処するかということである。法定代理人は、ボランティアで働いている。彼らから援助を得るのは無料である。法定代理人は、ＦＵＢ本部の同意に基づいて、守秘義務がある。

会員アドバイザーは、知的障害の子どもを持つ両親、当事者、そして彼らと親しい人達のための援助である。会員アドバイザーは、ＦＵＢの会員や、知的障害の子どもを持つ両親自身が会員アドバイザーとなる場合が多い。彼らは、知的障害者に関する問題について研修を毎年継続的に実施している。子どもの就学前教育、義務教育の開始、ショートステイあるいは独立してひとり暮らしを始めるという変化に家族は不安になる。その場合に、会員アドバイザーが家族の立場に立ちながら自分達の経験を基にアドバイスを行う。また、さまざまな関係機関との連絡調整も行っている[16]。

ＦＵＢ地方支部には、法定代理人や会員アドバイザーがいるが、地域独自の活動も行っている。たとえば、定期的に気軽に集まれるように、お茶の時間を設けていたり、音楽鑑賞を行ったりする地方支部もあるし、障害児対象として集まれる場を提供したり、水泳をしたりというような活動を行っている支部もある。また、学童期の障害児を預かる学童保育を行う支部やボウリングなどの自由活動の提供、研修会、グループ旅行など活発に活動の場を設けている支部もある。親同士の情報交換、また当事者同士の情報交換という場を設けることが重要である。当事者が自分の意見を言う場を提供することが必要といえる。

ＦＵＢの地方支部における最も多い相談は、教育問題や住宅問題、日中活動や余暇、コミュニケーションの方法など日常生活に即した相談である。特に、就学期にあたる障害児を持つ家族に対しては、コミューンと協力して学校説明会の場を設けている場合もある。非常に多岐にわたり、会員アドバイザーの豊富な経験が必要になる。さまざまな活動の場を提供しながら、当事者とその家族の支援を行っているのが地方支部の役割であるといえる。

第3節　知的障害者の権利擁護とその基本的視点

以上、紹介してきたように、親の会として発足したFUBは、現在、当事者、またはその家族を適切にサポートするために、政府・ランスティング・コミューン、福祉関係諸団体などと協働している。また、国外の当事者の会や親の会とも協働し、家族や医療施設とネットワークを組むことで、さまざまな情報や経験を交換しているのである。

第3章でみてきたように、戦後スウェーデンにおいて、障害者は自己決定できない保護の対象であり、本人の意思に関係なく大規模入所施設で家族と離れて暮らすしかなかった。しかし、ノーマライゼーションの考えが広まるにつれ、障害者も自己決定できるように、そして、社会参加できるように、できないところをサポートするという考えに変わりつつある。一九八〇年代に、重度の知的障害や重複障害のある人の生活の質に対して関心が高まり、社会庁は、重度障害のある子どもの生活を、障害のない子どもの生活と同じように価値あるものにすることの重要性を表明した。FU

Bも重度の障害があっても社会で生活する権利を主張してきたのである[17]。

一九九三年に制定されたLSS法第六条「社会保険機関、住宅機関、労働市場機関などの他の関連諸機関との連携に関する規定」には、当事者の自己決定に関する権利が明記され、援助を行うにあたり、当事者の意見を尊重し、当事者と援助者が共同で決定することの重要性が述べられている。つまり、何をしたいかを自分で決め実行できること、自分の行動を制御し自分の行動の結果がわかること、自分から他者に働きかけて活動すること、自分が置かれている状況をコントロールしたり影響をおよぼしたりできることを「自立」と捉えるが、障害がある場合、何らかの形でサポートが必要となってくる。その場合、可能な限り本人の意思を尊重するが、援助者との共同決定も「自立」と考えられる[18]。

また、障害者の権利を保障していく上で、制度として差別オンブズマン（Diskrimineringsombudsmannen＝DO）がある。第3章で確認したように、差別オンブズマンは、もともとハンディキャップ・オンブズマン制度と呼ばれるものであった。ハンディキャップ・オンブズマン制度ができるまでは、国会オンブズマン、国会オンブズマンに類似した任務をもつ公平顧問官の二つが対応していたが、十分に障害者の権利を守ることはできなかった[19]。そこで、一九九四年にハンディキャップ・オンブズマン法が成立し、障害者の権利保障を強化していくものとなったが、二〇〇九年に差別禁止法に置き換えられ、ハンディキャップ・オンブズマンは差別オンブズマンと統合される形になった。それにより、対象者を障害者に限らず、社会にあるさまざまな差別に対して解決策を見出し、すべての人の完全な社会参加と平等な生活条件の獲得を保障していく役割を担うようになった[20]。

さらに、LSS法第八条「援助を受ける権利に関する規定」には、一五歳以下の児童あるいは知的障害者、精神障害者等の権利を保障するため、成年後見人として「Vårdnadshavare」、「God man」、「Förmyndare」「Förvaltare」の制度を規定している。「Vårdnadshavare」と「God man」は、成年後見の制度で、意志表示が困難な人、自己決定能力が弱い人に対して代わりに権利を要請したり、援助を求めたりすることができる。「Förmyndare」と「Förvaltare」に関しては、特に財産管理の機能のもので、「Vårdnadshavare」と「God man」では対応できない場合に、利用することができる。四つの制度は類似の制度ではあるが、「Vårdnadshavare」と「Förmyndare」は一八歳未満の児童を対象とし、「God man」と「Förvaltare」は一八歳以上の成人を対象としたものということと、「Förmyndare」と「Förvaltare」の方がより強い権限を持ったものという違いがある[21]。「God man」は特別な資格はなく、裁判所が適切であると判断し、任命することができる[22]。

以上のように、知的障害者の自己決定の権利を保障していくためにスウェーデンでは政府が法律で権利を保障しているというだけでなく、当事者・家族、さまざまな諸機関と連携・協働しているといえる。また、アクセスしやすいようにわかりやすく説明したDVD、LL本と呼ばれるわかりやすく説明している本も提供し、当事者でも情報を入手しやすくしている。自己決定の保障をしていくためには、当事者を主体と考え、彼らが理解できる情報を提供していくことが重要である。さらに、障害のない人に、障害に対する正しい知識も広め、理解を深めるように働きかけることも、当事者の意思決定を保障する一つの支援のあり方である。

すなわち、スウェーデンにおいては、当事者の自己決定とは何もかも自分で処理することではない。必要な時に当事者が自己決定できるように周囲の人がさまざまな方法で支援していくことも広い意味での意思決定であると捉えている。当事者の権利擁護に関するさまざまな支援は、当事者の権利を保障する上で必要不可欠であるし、当事者と周囲の環境をも考慮しながら支援していく体制が重要なのである。

■注

1　本書第3章に詳述。
2　河東田博（1992）, p131.
3　ラーション、Jほか著/河東田博ほか訳編（2000）, p128.
4　「施設変革と自己決定」編集委員会（2000）, pp42-43.
5　河東田博（1992）, pp131-133.

6　Olov Andersson（2006）, p14.
7　柴田洋弥ほか（1992）,pp72-73.
8　柴田洋弥ほか（1992）, pp133-134.
9　ラーション、Ｊほか著／河東田博ほか訳編（2000）, p128.
10　河東田博（1992）, pp134-136.
11　柴田洋弥ほか（1992）, pp109-111.
12　ＦＵＢホームページ http://www/fub.se/（検索日：2019/11/7）を参照。
13　ＦＵＢホームページ http://www.fub.se/（検索日：2019/11/7）を参照。
14　ＦＵＢパンフレットを参照。
15　ＦＵＢホームページ http://www.fub/se/（検索日：2019/11/7）を参照。
16　ＦＵＢパンフレットを参照。
17　ヴィンルンド、Ｇ／吉川かおり監修（2009）, p11.
18　ヴィンルンド、Ｇ／吉川かおり監修（2009）, pp16-18.
19　仲村優一・一番ヶ瀬康子編（1998）, pp292-293.
20　本書第３章第３節を参照。
21　Bergstrand. B. O（2005）, pp23-24.
22　仲村優一・一番ヶ瀬康子編（1998）, p275.

第5章

障害者の地域生活支援体制の構築に向けて

スウェーデン・カールスタッド・コミューンにおける実践を手がかりに

それでは、実際に、スウェーデンがどのように障害者の地域生活支援を行っているのか、具体的にみてみたいと思う。ここでは、LSS法施行後、二〇年以上経ったスウェーデンにおいて、コミューンがどのように障害者の地域生活支援に取り組んでいるのかについて、筆者が二〇一三年に訪問したカールスタッド・コミューン（地図参照：ストックホルムの反対側に位置する丸印で囲んでいる場所）における実践を中軸として、実際のコミューンの支援体制について確認する。

第1節　カールスタッド・コミューンの障害者福祉政策の現状

スウェーデン西部に位置するヴェルムランド地方と呼ばれる地域は、カールスタッド・コミューンを県庁所在地とし、一六のコミューンで構成されている。カールスタッド・コミューンは、人口九万三八九八人（二〇一九年）の中規模都市である。移民や難民の受入れにより、外国籍をバックグランドとしてもつ人の割合も一七・六％（二〇一九年）となり、増加傾向にある。豊かな自然に囲まれた地域であり、市民の生活の質が高いコミューンであるといわれている。織物などの伝統産業が盛んな地域であり、近年はＩＴ企業の進出が著しい[1]。

カールスタッド・コミューンは、一三の行政局に分かれており、そのうちの一つである介護・福祉局において社会福祉政策が実践されている。障害者福祉政策については、一九九三年から大規模入所施設を廃止し、地域生活支援を重視する方向で取り組んでいる。第3章で述べたＬＳＳ法によるサービスを提供し、障害者の日常生活支援を中心に行われている。コミューン内で、ＬＳＳ法による何らかのサービスを受けている障害者は、二〇一四年において六〇七人であり、うち三六八人が二三歳から六四歳までである。日中活動サービス（職業がない人または、職業訓練を受けていない人のためのデイサービス）を利用している人が最も多く、次いで住宅支援、その次にコンタクトパーソン[2]の支援の順になっている。障害者の生活の場は地域で、特別支援付きのアパートや、何らかのサービスを受けながら自宅でひとり暮らしをし、日中活動としてデイサービスや日本でいう就労支援のような場所に通っていることが窺える[3]。

障害福祉課においては、日中活動を中心にサービスを提供する部署、グループホームや特別支援付きのアパートなど住宅支援を提供する部署、二四時間必要な支援を受けられるパーソナルアシスタンスと呼ばれるサービスを提供する部署の三つを中心に、それぞれの部署が連携しながら支援が行われている。

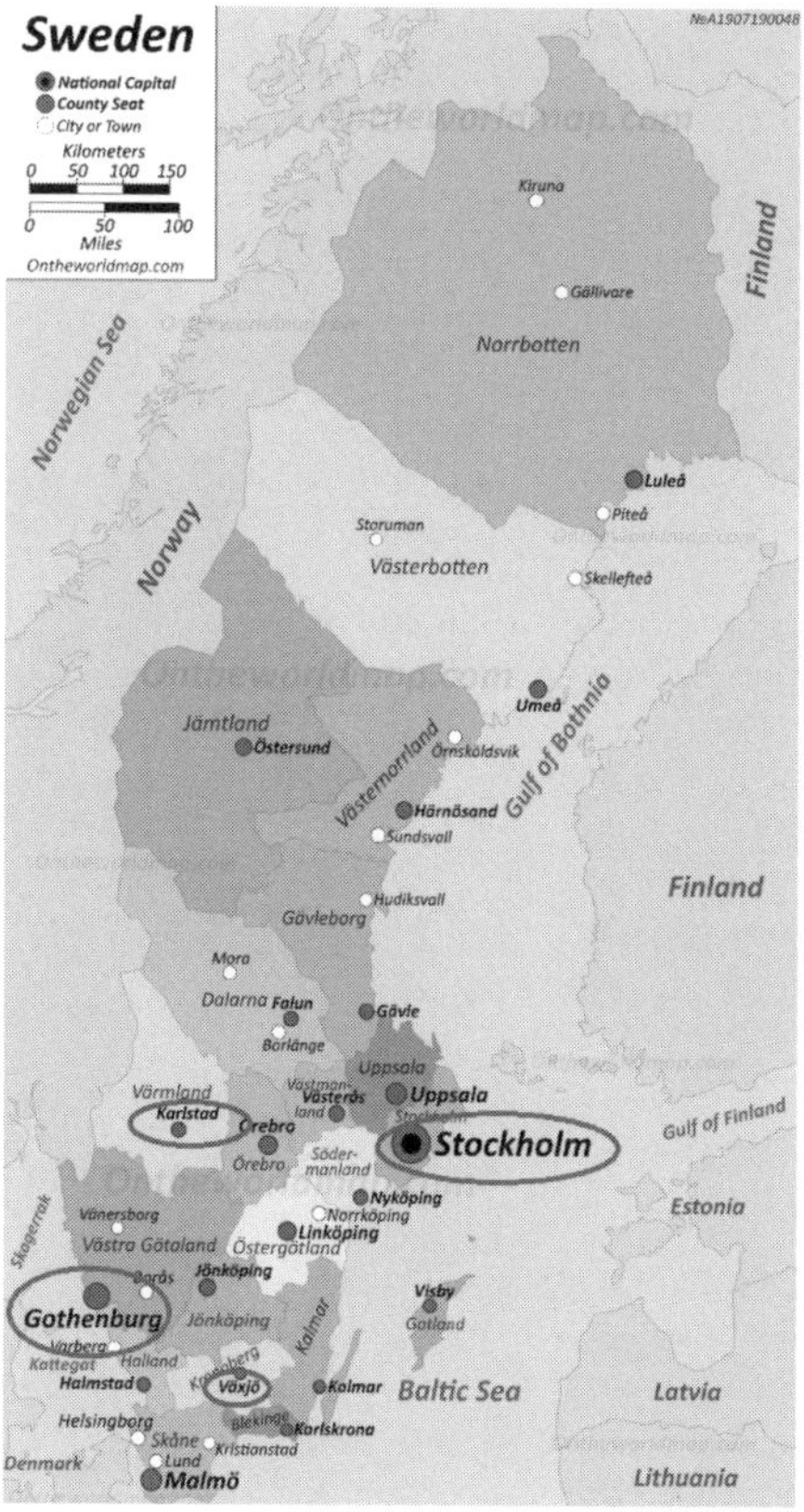

パーソナルアシスタンスの具体的な支援については第6章で詳述するが、簡単にいうと、当事者自身が雇用できる制度で、日常生活に係る必要な支援を受けることができる。パーソナルアシスタンスの部署では、パーソナルアシスタンスの

派遣や情報提供などを行い、住宅支援や日中活動に関するサービス提供を行う部署と連携しながら、障害者の地域生活支援の中核を担っている。

住宅支援においては、一八歳以上の障害者を対象に、障害者の生活の場となるグループホーム、特別支援付きのアパートの提供や住宅支援に関する相談だけでなく、障害者が日常生活を行う上で必要になってくる買い物への付き添いや料理を一緒に作る等の支援も行っている。

日中活動においては、音楽、絵画、手芸、カフェ、洗濯、洗車、犬の餌やおやつなどを作る作業、料理、清掃、ガーデニング、福祉機器の洗浄、コンピュータ、水泳、散歩、ダンスなどさまざまな活動プログラムを選択でき、約二〇ヶ所あるデイサービスセンターでこれらのサービスを提供している。障害の程度が軽い、あるいは将来就労したいという希望がある場合は、カフェや洗車、清掃など僅かではあるが給料も貰える活動に参加している。また自閉症や発達障害等に配慮し、個室でパソコンなどの作業を行うプログラムもある。多様な日中活動の場を提供することにより、それぞれに合ったプログラムを選択することが可能になり、週に三日通うなど個人の意思やペースを尊重した支援が行われている[4]。

このように、他部署との連携や協働関係を保ちながら障害者の生活全体の支援を行い、より個別的な支援を可能にしている。それでは、実際に、障害者の地域生活をどのように支援しているのか事例を通してみてみよう。

第2節　カールスタッド・コミューンの実践――事例から

二〇一三年三月、筆者は障害福祉課を訪れ、障害者の生活支援について当事者へのインタビューや日中活動の場、住宅等の見学を実施した。本節では、カールスタッド・コミューンにおける障害者の地域生活支援について具体的な事例を中軸として検討を深めておきたい。

①特別支援付きのアパートに住むAさんの場合

ダウン症候群のAさん（男性、二〇代前半）は、町の中心部に位置する特別支援付きのアパートでひとり暮らしをしている（写真1及び2）。Aさんが暮らしている特別支援付きのアパートには、一二人の障害者が暮らしている。職員は同じ敷地内ではあるが、別の場所で二四時間待機し、定期的に見守り支援をしたり、利用者からの呼び出しに応じて支援したりするなど、一人ひとりに合わせた支援を行っている。Aさんは、必要なときに職員に来てもらい、見守り支援として利用している（写真3及び4参照）。

以前、Aさんは、日中活動として、障害の程度が軽度から重度の人までを対象にさまざまなアクティビティ・プログラムを提供するデイサービスに週に三日通い、好きなダンスや音楽を中心と

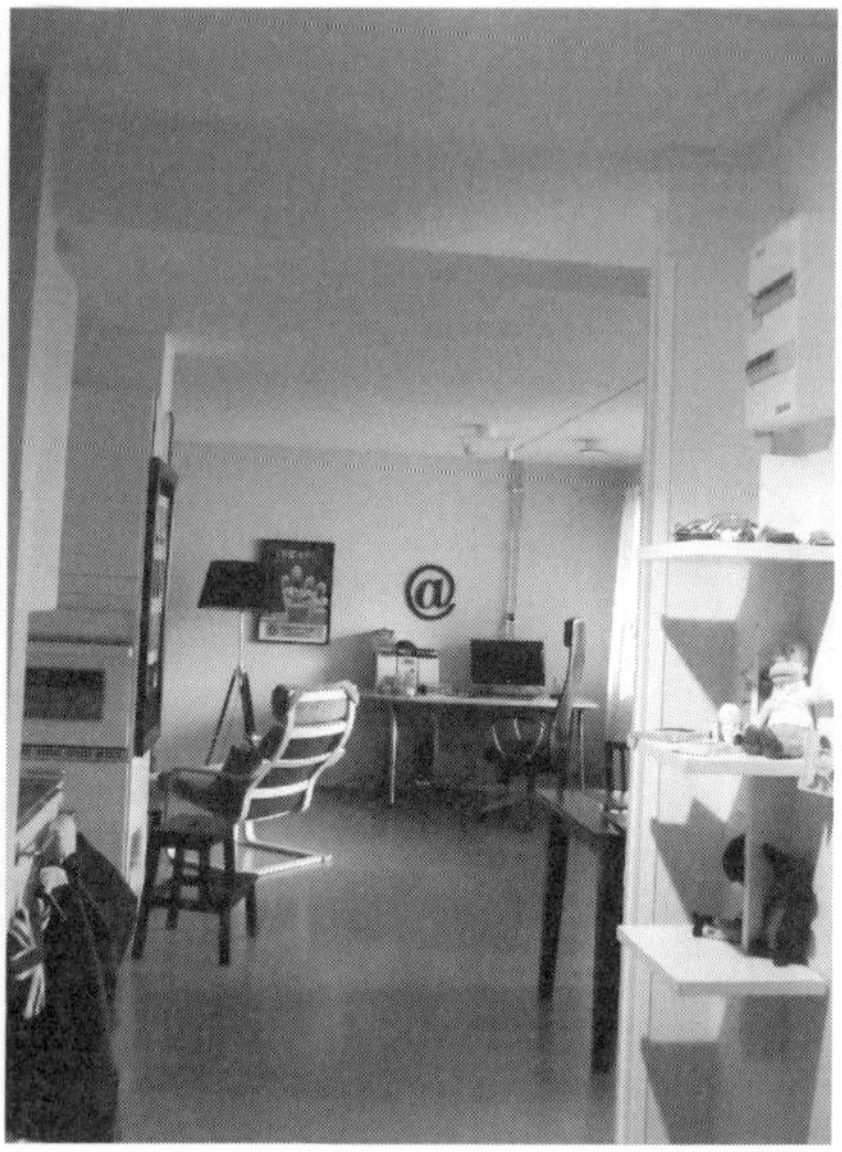

写真１　Ａさんのアパートの部屋

写真２　キッチンには、スタッフの顔写真や、片付けが苦手なＡさんのために、部屋の至るところにどこに何があるのかを絵カードが貼られている

するプログラムで活動していた。しかし、「働きたい」という希望が出てきたこともあり、就労支援に繋げ、日中は、特別支援付きのアパートの近くのスーパーマーケットで、清掃や食品整理の仕事をしている。

　日常生活等はほとんど一人で行うことができるAさんの支援は、第3節にある図5-1「Aさんに地域生活支援の実際」のように、職場、アパートで待機している職員などと連携しながら行われている。関係諸機関と密に連携し、Aさんのできることは可能な限り自分でやってもらう。Aさんは、二〇代の若者と同じように、週末、友人や同僚と夜、出かけたり、旅行に行ったりというような生活をし、「とても楽しい」と話していた。

写真３　街中にある特別支援付きアパートの概観

写真４　職員の待機スペース

②パーソナルアシスタンスによる支援が常時必要なBさんの場合

Bさん（女性、四〇代）は、身体障害と知的障害がある。移動は車椅子で、外出支援やその他、日常生活支援が常時必要である。相手の話すことは理解できているが、Bさん自身は言葉でのコミュニケーションが困難なため、否定の時には「ウー」という声を出し、その他はジェスチャーで意思を伝えている。Bさんは四人のパーソナルアシスタンスによる支援を常時受けながら、アパートでひとり暮らしをしている。長年BさんのパーソナルアシスタンスをしているCさんが、最もBさんの気持ちを理解し、Bさんの言いたいことを他者に伝えることもある。言葉でのコミュニケーションが困難なBさんにとっては、他者とのコミュニケーションがうまくいかずに苛立つことが多く、意思を理解してくれるパーソナルアシスタンスのCさんを非常に信頼している。

Bさんは、一ヶ月前に、通院やデイセンターに通うことなど日常の利便性を考え、街の中心部に引っ越しを済ませたばかりである。Bさんにとって、週末、郊外に住むボーイフレンドの家に出かけることが楽しみであり、利便性を考えて街の中心部に引っ越したものの、街から約一時間かかるボーイフレンドのところに引っ越したいと考えるようになっている。「ボーイフレンドとすぐに会えないのは寂しい」というBさんの気持ちをCさんが障害福祉課の職員に伝えてはいるが、今すぐ認めることはできないという。現在可能な範囲でできる支援として、Cさんを含むパーソナルアシスタンスと連携しつつ、Bさん自身の意思を聴くことが重要であるとし、Bさんの意思を確認し、定期的にBさんと面談を行いながら、今後の方向性を決定していく。

第3節　障害者の生活支援における課題

スウェーデンにおいては、地方自治体であるコミューンの役割が大きくなり、障害者福祉サービスに関しても、コミューンの責任の下、サービスが実施されている。ＬＳＳ法による大枠のサービスは決められてはいるものの、サービス提供については、ある程度コミューンの裁量が認められている。地域生活支援重視となった一九九〇年代からは、より個別支援を徹底する傾向にある。当事者が主体となり、彼らの「何がしたいか」という希望に即しながら支援を実践している。当事者の意思を聴き、当事者自身が自分の意思を伝えることのできる場や機会を設けることが当事者主体の支援に繋がると考えられており、それにより、ＬＳＳ法に規定されている、当事者の自己決定を尊重した支援を具現化しているともいえる。

カールスタッド・コミューンでは、一九九三年から大規模入所施設を廃止し、障害者の地域生活支援、特に、住宅支援や日中活動の場の提供という部分に重点を置きながら政策を展開している。当事者一人ひとりの「できること」に着目し、地域での生活の場を保障することを重視した支援を行っているといえる。

事例として挙げたＡさんは、障害の程度が軽いこともあり、ＡＤＬ（日常生活動作）機能も良い。

しかし、何らかの支援もなく一人で生活するということは、Aさん自身にも不安がある。Aさんの苦手な整理整頓や清掃の手順の説明など、職員はわかりやすく図や写真で示し、Aさんが自分でできるように側面的に支援を行っている。Aさん自身が持つ可能性や達成感を引き出すことが重要であると捉えている。コミューンが関係機関・施設と連携しながら支援を行うことにより、Aさん主体の地域生活が可能になるのである。図5-1「Aさんの地域生活支援の実際」において重要なことは、支援の主体がAさんであり、支援体制の中心にAさんが存在することなのである。

Bさんの場合は、パーソナルアシスタンスによる日常生活支援が必須となるが、Bさんの意思の確認や他者とのコミュニケーション支援が重要となる。相手の言うことはほぼ理解できるが、自分の意思を伝えることは非常に難しく、思い通りにいかないと感情が不安定になることもあるBさんにとって、長年関係を築いているパーソナルアシスタンスのCさんが大きな役割を担っている。地域で生活する中では、さまざまな希望（～したい）があって当然である。「ボーイフレンドに会いたい」という思いは、誰もが持つ当たり前な感情であり、特別なことではない。さまざまな希望を引き出しながら、優先順位を決めて支援を行うことが重要である。今回、Bさんの「今すぐ引っ越したい」という希望は、当時の状況においては実現が難しかった。しかし、Bさんの意思をコミューンの担当職員とCさんと共に確認し、具体的になぜ実現が難しいのかをBさんに示し、今後、実現に向けてともに考えていくということも必要な支援であるといえる。

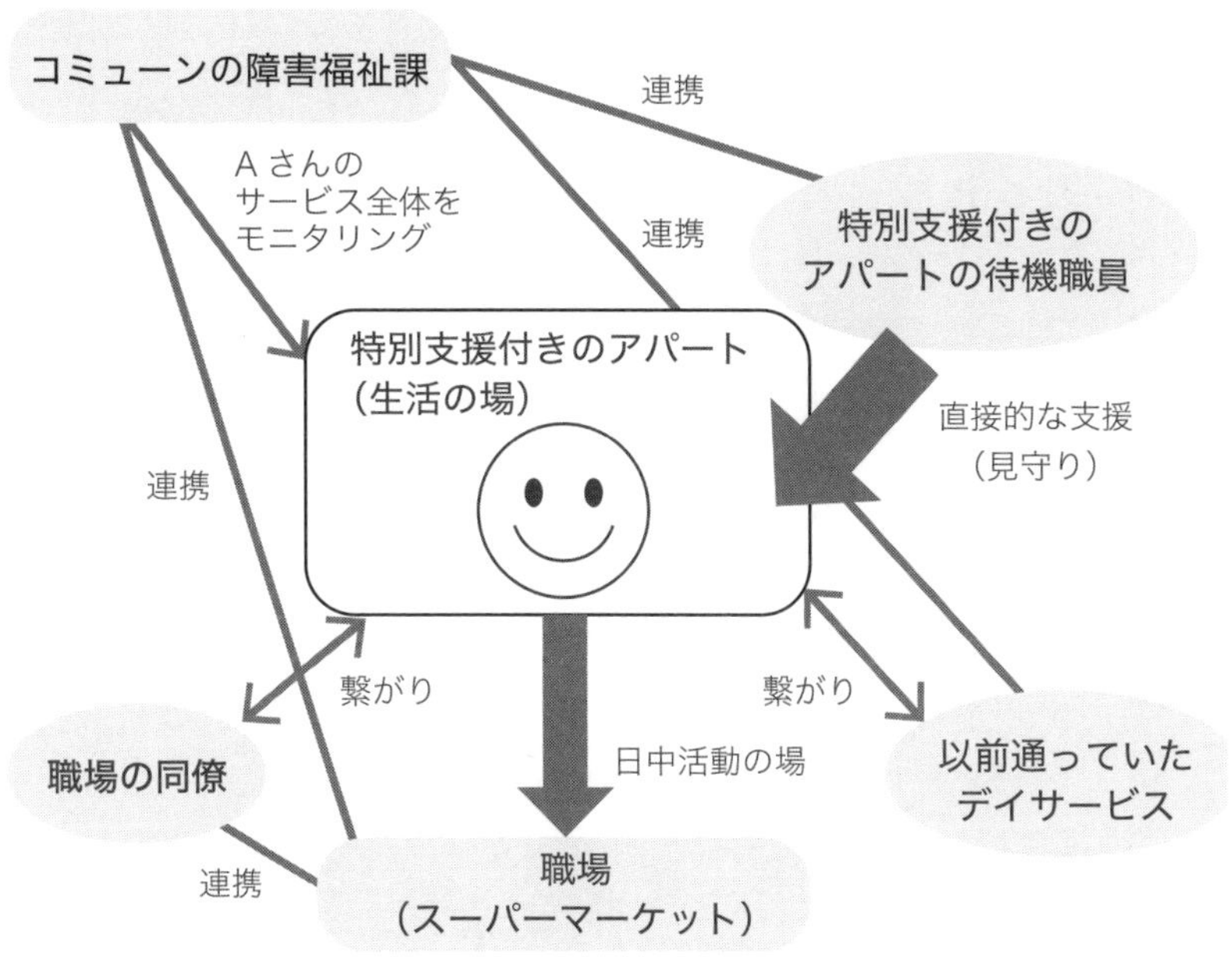

図 5-1　A さんの地域生活支援の実際（筆者作成）

Aさん、Bさんの支援においても、障害者をひとりの人間として尊重し、彼らの声を拾い上げることを重視している。これまでのFUB（スウェーデン全国知的障害者協会）やSTIL（ストックホルム自立生活協同組合）などの当事者組織による活動の経緯もあり、障害者の社会参加や意思決定を意識した支援が実現されつつある。日中活動プログラムも選択肢を増やし、一人ひとりに合ったプログラムを選ぶことができるようになっている。また、当事者自身に、利用しているサービスや雇用しているパーソナルアシスタンスのサービスが適切かどうかや満足しているかどうかなど、サービスの質を問う試みも行っている[5]。そのような取り組みにより、当事者主体の支援が可能になる。旅行や外食など、週末行う余暇活動プログラムも多種多様であり、障害者もごく当たり前に日常生活を送ることができるように支援を行っている。

しかし、障害の程度の軽いAさんのように活発に外出し、友人関係を作れる場合は、日常生活に対しても「楽しい」と言えるが、Bさんのように障害の程度が重度の場合、意思を伝えられる相手も限られている分、苛立ちやストレスも強く感じることになる。Bさんの「寂しい」という気持ちは、自分の思い通りにならない生きづらさを抱えているといえる。当事者の意思を尊重するという支援は、行き過ぎると、干渉しないという行為に繋がり、言葉でのコミュニケーションが困難な場合には、放置となる危険性もある。カールスタッド・コミューン障害福祉課においても、言葉でのコミュニケーションが困難な場合が最大の課題となっており、現状では、Bさんのようなケースは、当事者の思いを確認するということが最大限の可能な支援とされている。

また、個別支援を重視する一方で、サービスの質をどれだけ良い状態で提供できるかという課題も残されている。一人ひとりに合ったサービスを考え、提供しているとはいえ、当事者が生活を楽しめるように支援していくことは非常に難しい。施設で管理された生活を送っていたときは決められたことを決められた通りにするだけでも支援ができていたが、地域で生活することが当たり前になってくると、多様な生活スタイルや希望が出てくる。一人ひとりのニーズは異なる。さまざまな機関・施設などとの連携や他職種との協働の強化が今後ますます必要になるといえる。

■注

1　SCB（スウェーデン統計局）https://www.scb.se（検索日：2019/10/15）。

2　第3章52参照。たとえば、グループホームに住む高齢者のコンタクトパーソンは、本人の話をよく聞き、それをケアマネージャーやスタッフに報告することで、援助計画に本人が最も望むサービスを提供でき、より細かな援助ができるようになる。

3　Socialstyrelsen（2015）参照。

4　二〇一三年三月、筆者がカールスタッド・コミューンの職員に行ったインタビューによる。

5　Attityd i Karlstad AB（2013）参照。

第6章

地域社会における当事者主体の障害者支援システム

スウェーデンのパーソナルアシスタンス制度とその課題

本書第5章でコミューンの地域生活支援体制について確認してきたが、スウェーデンにおける地域生活支援の鍵となるのが、パーソナルアシスタンス制度といえる。その制度の発展の流れをみると、本書第3章第2節でみてきたように、一九三〇年代のイン・ホーム・パーソナルアシスタンス・システムにいきつく。そして、そのパーソナルアシスタンス制度は障害者の地域生活を支援する上で、必要不可欠な制度として、現在も障害者の地域生活を支える要となっている。そこで本章では、スウェーデンにおけるパーソナルアシスタンス制度に焦点を当て、障害者の地域生活支援のあり方を検討する。パーソナルアシスタンス制度のサービス提供主体として、コミューン、民間、当事者組織、家族がある。ここでは、サービス提供者であるコミューンと当事者組織に焦点を当て、行政と当事者組織の関係性、そしてそれぞれのサービスを利用する当事者の生活に触れておきたい。その中で、数ある当事者組織の中で、パーソナルアシスタンス・サービス提供に力を入れているJämlikhet Assistans Gemenskap（以下、ＪＡＧとする）の役割も確認する。

第1節　スウェーデンにおけるパーソナルアシスタンス制度

1-1　パーソナルアシスタンス制度の現状

まず、パーソナルアシスタンス制度の現状を把握しておきたい。

パーソナルアシスタンス制度は、ＬＳＳ法第九条に規定されている支援内容の中に含まれている。サービス提供者は、コミューン、企業（事業所）、非営利組織（当事者組織も含む）、家族である。スウェーデンにおけるパーソナルアシスタンス制度の特徴ともいえるが、家族もパーソナルアシスタンスとして、障害のある子どもの支援を担うことができる。

スウェーデン・社会庁の統計データによると、二〇一六年一〇月において、七万一四〇〇人がLSS法による何らかの支援を受けているが、そのほとんどは、複数のサービスを同時に受けていることになる。表6-1は、利用者がどのようなサービスを受けているのか、その内訳を前年と比較している。パーソナルアシスタンスを利用している人は、四五七五人となり、二〇一五年よ

表6-1　LSS法第9条によるサービスを受けている利用者の延べ人数の比較

LSS法第9条によるサービス	2015年（人）	2016年（人）
助言と個別援助	4,351	4,115
パーソナルアシスタンス	4,295	4,575
移送サービス（ガイドヘルプサービス）	8,306	8,038
コンタクトパーソン	19,494	19,421
レスパイトサービス	3,762	3,791
ショートステイサービス	9,695	9,593
12歳以上の学童児童への課外活動等	4,377	4,422
児童・青少年のための特別サービスつきの住居等	1,048	986
成人用の特別支援つきの住居等	26,484	27,098
日中活動	35,340	36,598

※スウェーデン社会庁統計「2016年LSS法利用に関する統計」を基に筆者が作成

りも六・五%増加し、増加率は他のサービスに比べて、最も多くなっている（Sveriges officiella statistic 2017）。

パーソナルアシスタンスに係る費用は、一週間に二〇時間以上の支援が必要な場合は政府（社会保険庁）が負担し、二〇時間以下の支援の場合は、コミューンが負担することになっている。二〇一五年のLSS法によるサービスにかかった費用をみてみると、住居（特別支援つきの住居等）に二五四億クローナ（一SEK＝約一五円（二〇一八年））、パーソナルアシスタンスに九八億クローナとなっており、年々増加傾向にある。現在、一週間に二〇時間以上のパーソナルアシスタンスを利用する人は若干減少傾向にあるため、その分、二〇時間以下の利用が増えている。つまり、コミューンの負担分が増加傾向にあるといえる。ＬＳＳ法第九条によるサービス全体にかかる費用が最も大きい都市は、ストックホルムやエレブロなどで、一年間に約一〇六万クローナ／人にもなり、その反対に、ゴットランドは約六〇万クローナ／人となり、コミューンによってかなり差がある（Socialstyrelsen 2016）。

社会庁によると、ＬＳＳ法によるサービスの負担が増大しつつある中、障害者の状況を見極めながら、一般法として知られている社会サービス法によるサービスを利用するようにするなど、費用がこれ以上増大しないように対策を取りつつある。つまり、ＬＳＳ法によるサービスを受けることができるとされているのは、障害の程度がある程度重度であるということになる。実際に、ＬＳＳ法による規定も利用者の状況を見極めていく方針となっている。

1-2　コミューンによるパーソナルアシスタンスを利用する障害者の生活の実際

二〇一六年、筆者はスウェーデン西部ヴェルムランド地方で、実際にパーソナルアシスタンス制度を利用しながら生活をしている当事者、パーソナルアシスタンス・スタッフ及びコミューン職員に、パーソナルアシスタンス制度の利用についてインタビューを行った。本書第5章でも、県庁所在地であるカールスタッド・コミューンにおける地域生活のコミューンの支援体制での利用者の実際の生活を確認し、パーソナルアシスタンスを利用しながら生活しているBさんの状況を見てきた。ここでも同じヴェルムランド地方の別のコミューンにおける支援の実際を取り上げ、より、地域での生活の重要性を読者に考えてもらいたいと思う。

本書第5章でもヴェルムランド地方は一六のコミューンで構成されていると述べたが、その中の一つであるストールフォーシュ・コミューン（Storfors kommun）でのケースである。ストールフォーシュ・コミューンは人口約四〇〇〇人（二〇一七年）の小規模のコミューンである。カールスタッド・コミューンと人口を比較してみてもかなりの小規模であることがわかるだろう。

このコミューンでは、LSS法におけるサービスの中で、特にパーソナルアシスタンスによる支援、コンタクトパーソンによる支援、移送サービス、一二歳以上の学童児童への課外活動（学童保育）、日中活動支援に力を入れている。パーソナルアシスタンスを受けている利用者は一三人で、七人は社会保険事務所から費用を支給してもらい、六人はコミューンから費用を支給してもらっている（二〇一六年）。そのうちの一人であるDさんは、社会保険事務所からパーソナルアシスタンスにかかる費用を支給してもらい、自宅で生活している[1]。

〈パーソナルアシスタンスを利用しているDさんの生活〉

五〇代女性のDさんは、四年前に脳梗塞で倒れて以来、身体には麻痺が残り、殆ど寝たきり生活となった。夫とは死別、二人の子どもは独立し、別の街に住んでいる。Dさんは、自分自身のことは殆ど何もできないため、常時、介助を必要とする生活である。記憶にも障害が残り、特に入院生

表6-2　Dさんの一日の生活の流れ

8:30	起床。パーソナルアシスタンスにリフトで起こしてもらい、車椅子に移乗。シャワー、その後朝食
11:00	お茶の時間（コーヒーの準備をしてもらう）
12:00	昼食
13:00	午後の散歩（買い物）
15:00	お茶の時間（コーヒーの準備をしてもらう）
17:00	夕食。お茶の時間
20:00	就寝

※筆者作成

活時のことは覚えていない。言葉でのコミュニケーションは比較的保たれているため、自分の意思を伝えることはできる。Dさんは、ストールフォーシュ・コミューンの中心部から車で約二〇分離れた古い家に、二匹の飼い猫と一緒に住んでいる。

Dさんは初め、コンタクトパーソンによる支援を利用していたが、自宅での生活を強く希望したこともあり、現在はパーソナルアシスタンスによる支援を受けながら生活している。また、成年後見制度として、本書第4章第3節で確認した財産管理機能の強い「Förvaltare」制度を利用し、自身のお金を管理してもらっている。Dさんは、常時介護を必要とするため、一週間に二〇時間以上の支援が必要と認められ、六人のパーソナルアシスタンスを雇用している。雇用にかかる費用は、SFBに規定されている一週間に二〇時間以上の支援が必要であるとされるため、政府（社会保険庁）が負担する。

六人のパーソナルアシスタンスは、一〇代後半から五〇代まで年齢もさまざまだが、交代でDさんの自宅に来て、掃除、シャワー、買い物、病院への付き添いなど日常的な支援を行っている。夜間もパーソナルアシスタンスは必要なため、Dさんとは別の部屋で待機し、トイレ等必要な場合に支援をする。Dさんの日常生活は表6-2のような流れになる。常時、パーソナルアシスタンスの介助や手伝いを必要とするが、調子の良いときは、街に出て買い物をしたり、映画鑑賞をしたりするのが楽しみだという。

六人のパーソナルアシスタンスは、全員コミューンからの派遣である。「本人が必要な時に必要な支援をするのが自分達の仕事」と言うパーソナルアシスタンスのひとりであるEさんは、「二四時間Dさんと一緒にいて、二四時間永遠に介助をしているわけではない。見守って、Dさんができることは Dさんにやってもらうのがパーソナルアシスタンスの役割である」と言う。そのため、夜間は、殆ど見守るくらいであり、「仕事での負担感はない」と言い切る。「Dさんと一緒に過ごすことが楽しい。Dさんを信頼している」ので、六人のパーソナルアシスタンスの業務は、見守り中心である。大変なことは、「新しい福祉機器の操作を覚えること」と笑う。

パーソナルアシスタンスを誰にするかは最終的にDさんが決めているが、Dさんの個人情報を基に、コミューンも候補のアシスタンスを、試用期間を通して考慮している。Dさんは、「パーソナルアシスタンスに不満は全然ない。必要な時に手伝ってくれ、一緒にお茶もしたり、話ができたりして楽しい」と言い、自宅でパーソナルアシスタンスを利用しながら、自分の望む生活を続けることができている。

第2節　当事者組織によるパーソナルアシスタンス・サービス

2-1　JAGによる活動

次に、当事者組織によるパーソナルアシスタンス・サービスについて掘り下げてみよう。筆者は二〇一八年二月に、当事者組織の一つであるJAGの支部があるカールスタッド・コミューン[2]において、スタッフへのインタビュー及び重度の障害者の地域生活や活動について視察を行った。そこで、さまざまな支援のあり方や当事者自身が主体となり、その人生を生きることの意義を確認するために、JAGの活動について書きとめておきたい。

(1) JAGの活動内容

第4章でみてきたように、当事者組織にはさまざまなタイプがあるが、当事者とともに、政府に働きかけ、政策に反映していくよう活動をしている組織は多い。

JAGは、一九九四年に営利を目的としない組織として、重度障害者のために設立された当事者組織である。LSS法が施行された一九九四年、当事者組織も活発に活動し始め、さまざまなタイプの当事者組織がスウェーデン国内に設立されているが、JAGもその一つである。JAGは、パーソナルアシスタンスなどの支援システムを利用しながらでも障害者自身がより良い生活、人生を主体的に送れるようにするために支援していくことを目的としている[3]。

その理念には、①人間としての尊厳、②自己決定の尊重、③コミュニケーションの尊重、④一人ひとりの人生の尊重が掲げられている。つまり、すべての人は人として尊重され、本人の意思が尊重される。コミュニケーションが困難な障害者であっても意思決定は尊重されるべきものであり、人としての権利であるといえる。そして、重度障害者に対しての直接的な地域生活支援や障害者に対するあらゆる差別や排除に、当事者とともに闘っていく組織である。

ＪＡＧは、パーソナルアシスタンス部門、日中活動部門、広報部門（一九九六年設立）、国外（フィンランドとノルウェー）支部とのネットワーク活動部門の四つの部門で活動している。その中で、パーソナルアシスタンス部門と広報部門に重点を置いて活動している。このパーソナルアシスタンス部門では、ＬＳＳ法に規定されているサービスとして、障害児・者の地域生活を支えている。また、日中活動部門では、ＬＳＳ法による日中活動サービスとして、当事者がカフェや販売など軽作業をできるようにサポートしている。この活動では、当事者の居場所づくりの支援をしており、当事者の生きがいや意欲の向上に繋がる。販売等で得たお金は、ＪＡＧを運営していくための活動資金の一部となる。さらに、ＪＡＧでは、当事者の権利擁護のシステムとして、当事者が不利益を被らないように、訴訟や不服申し立ての手続きの支援も行っている[4]。

ＪＡＧとＬＳＳ法の関係だが、スウェーデンにおいては、ＬＳＳ法によるサービスについてコミューンの裁量が認められている。つまり、サービス提供主体も地方自治体によってさまざまであり、必ずしもコミューン（公）が提供するサービスだけで行っているわけではない。日中活動サービスも、サービス提供主体として、コミューンや当事者組織を含む非営利組織も含まれ、前述したように、パーソナルアシスタンスについては、企業や当事者の家族なども提供者になることができる。ただし、家族がアシスタンスになる場合は、当事者のことをよく理解しているとはいえ、悪用や家族の疲弊を避けるため慎重である[5]。多種多様なサービス提供者があることにより、当事者の選択権を保障しているともいえる。

ＪＡＧの会員である障害児・者は、より多くの支援を必要とする、いわゆる重度の障害児・者が多く、何らかの支援がないと、地域での生活は非常に難しい。しかし、ＪＡＧの根本的な理念でもあるが、日常生活において、当事者には何らかの支援を受ける権利があるということが当事者自身や家族に浸透している。そして、ＪＡＧのスタッフと共に、「何がしたいか」「どのように生きたいか」を考え、自分自身に合った支援を選択することができる。すなわち、障害児・者は、主体的に自分自身に合った必要な支援を選び、受け身で与えられた支援を受けているだけでの存在ではない。社会に働きかける存在でもあるといえる。

（2）パーソナルアシスタンス部門

前述したように、ＪＡＧでは障害者の社会参加の場を提供するため、ＬＳＳ法による日中活動やスウェーデンにおける地域生活支援の鍵となるパーソナルアシスタンスの派遣を行い、当事者の地域生活を支えている。

ＪＡＧのパーソナルアシスタンス部門では、国内約四〇〇〇人のパーソナルアシスタンスを雇用し、当事者の社会参加を目的として支援している。主な支援内容は、①パーソナルアシスタンスの選定・派遣、②サービス申請の支援、社会保険庁・コミューン等への連絡調整、法制度の説明支援など、③パーソナルアシスタンス研修、④当事者組織・ＪＡＧと協働しての政府や国民に対する広報活動が挙げられる。

前述のように、当事者はサービス提供主体を選ぶことができ、個人に合ったパーソナルアシスタンスを雇用することができる。ＬＳＳ法第九条によるパーソナルアシスタンス・サービスを希望する場合は、まず、コミューンに申請し、コミューンがＬＳＳ法によるサービスが適切かどうかを審査する。適切であればパーソナルアシスタンスの時間数などを検討し、当事者がコミューンから派遣してもらうのか、ＪＡＧのような当事者組織や非営利組織等から派遣してもらうのか、民間企業からなのかを選択できる。パーソナルアシスタンスに関わる費用についてＳＦＢ（社会保険法）により規定されているが、一週間に二〇時間以上の支援が必要な場合、政府が負担し、二〇時間以下の支援で十分な場合は、コミューンが負担することになっている。各サービス提供主体はＳＦＢに基づいてサービスを提供している。

パーソナルアシスタンスの勤務時間は、週四〇時間以内と決まっているため、たいてい、当事者は複数のパーソナルアシスタンスを雇用することになる。雇用されるパーソナルアシスタンスは、夜間や延長手当、休日が保障されるなど、労働環境にも非常に配慮されている。サービス提供主体であるＪＡＧは、労働者であるパーソナルアシスタンスと当事者の状態を常に把握しておくことが求められている[6]。

サービス提供者としてのＪＡＧにおいては、コミューンとの連携が重要となる。パーソナルアシスタンスやＬＳＳ法についての情報提供や説明をコミューンからも求められることもある。また、コミューンからパーソナルアシスタンスの派遣を求められることもあるため、お互いに定期的に情報共有などを行って、当事者の地域生活を支援している。それでは、実際にＪＡＧからパーソナルアシスタンスの派遣をしてもらって地域で生活している当事者の様子を詳しくみてみよう。

2-2　ＪＡＧによる地域生活支援の実際

(1)　重度の障害者の地域生活①

Ｆさん（女性、三〇代）は、車椅子生活をしている。レット症候群のため、物を掴んだりするこ

表6-3　Fさんの一日

8:00	起床。パーソナルアシスタンスによって着替え、朝食。
9:00	国民大学（folkuniversitet）で手作りのサンドイッチ、ケーキ等を販売（週2日、2時間程度）。 視線を捉えてコミュニケーションできるソフトを使用し、学生たちとも会話。
11:30	自宅で昼食
14:00	JAGの日中活動支援として別のカフェで働く（週2日、2時間程度）。 ※このカフェは重度の自閉症のある当事者が中心になって運営し、Fさんとパーソナルアシスタンスが手伝う
17:00	帰宅・夕食
21:00	就寝

※筆者作成

とはできず、言葉でのコミュニケーションもできない。スウェーデンでは障害があっても一八歳以上になれば家族から自立して暮らすケースが多いが、Fさんは両親と一緒に暮らしている。父親がFさんを日中活動の場に送迎することが多い。子どもの頃からパーソナルアシスタンス・サービスを利用しており、JAGの利用歴も長い。現在、五人のパーソナルアシスタンスを雇用して生活している。

日中は、JAGの提供する日中活動部門（LSS法によるサービス）で、週二日二時間程度、カフェや生涯学習の場を提供している学校でパンやクッキー等の販売を行う（表6-3及び写真5及び6参照）。

乗馬とテレビを見ることが好きなFさんは、週末に乗馬をしたり、友人と会ったり、パーティーに参加したりなど活動的に暮らしている。Fさんは、言葉でのコミュニケーションはできないが、二〇一四年八月か

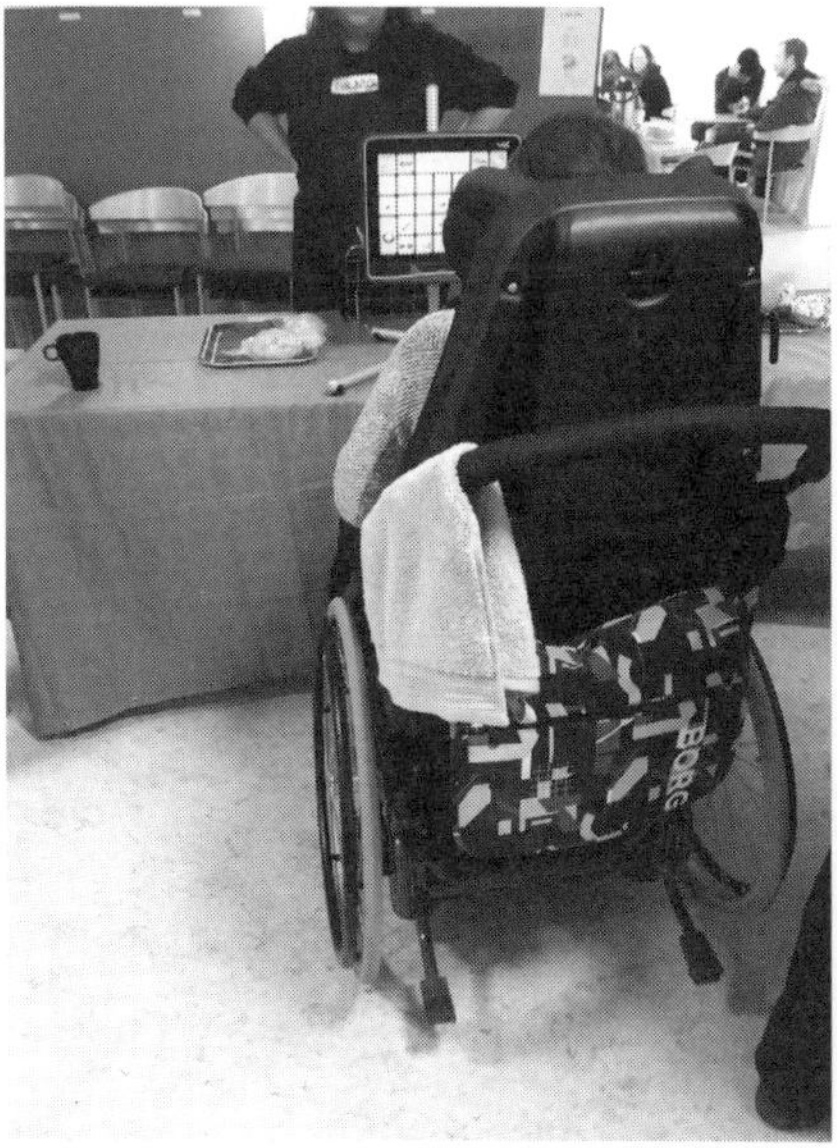

写真６　日中活動としてのカフェや学校での販売

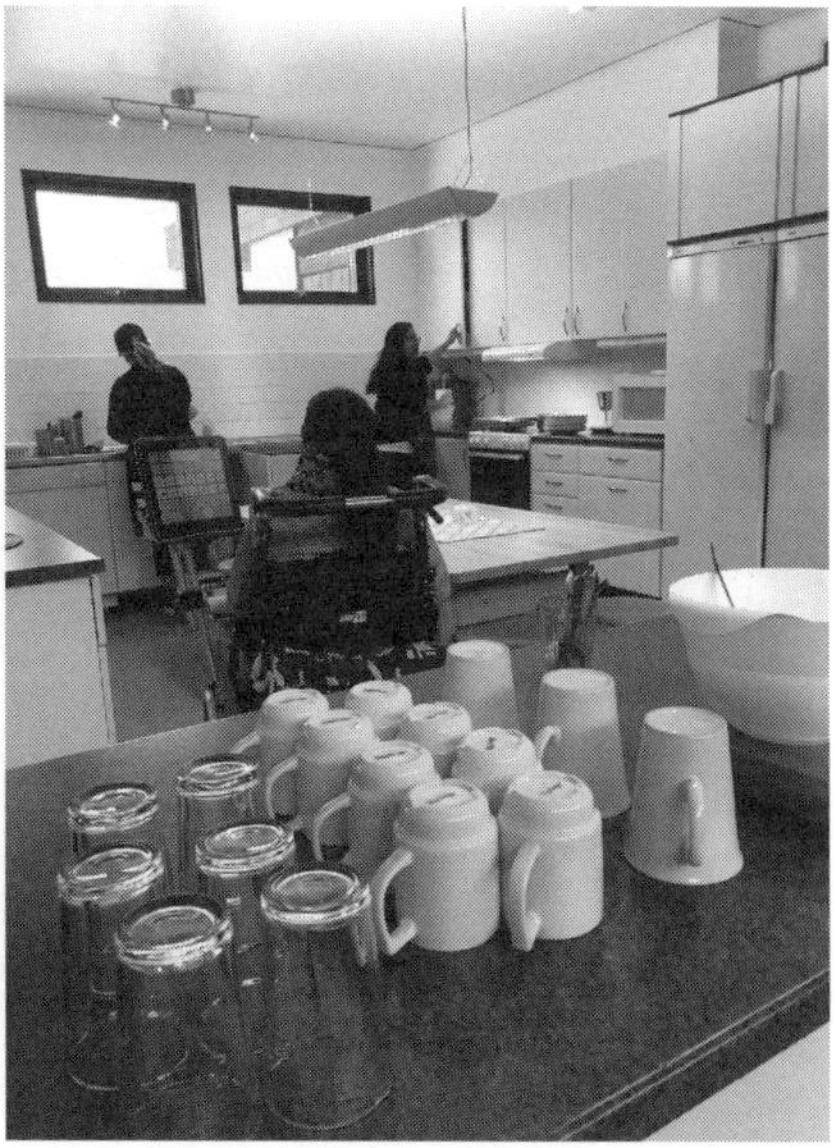

写真５　カフェでは、パーソナルアシスタンスに手伝ってもらいながら、食器や飲み物をテーブルの上に準備するなどを行っている

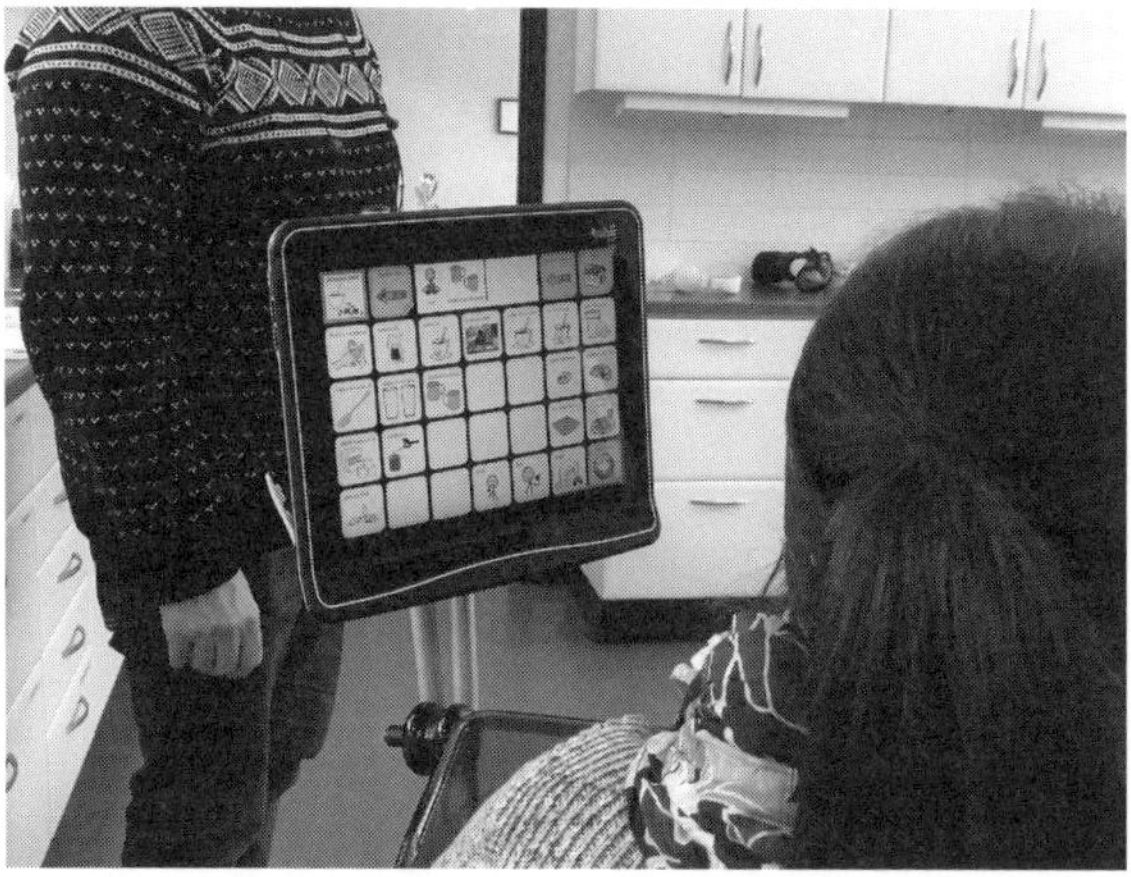

写真７　視線で絵文字や文章を選択することでコミュニケーションが可能。

らパソコンでのコミュニケーション方法を練習していた。現在は、Fさんの視線を捉えて、絵文字または文章を選択することのできるソフトを活用し、他者とコミュニケーションをとることができている。JAGのスタッフもFさんがツールを使ってコミュニケーションできないかを家族と一緒に考え、企業と交渉し、視線を捉えてコミュニケーションできるソフトを使うことになった（写真7参照）。

また、JAGの広報活動として、学校などの教育機関や首都の国会議事堂前等で、パーソナルアシスタンスの必要性についてプレゼンテーションをスタッフと一緒に行っている。

Fさんのパーソナルアシスタンスは、「何をしたいのか」「次はどうするのか」というFさんの意思を確認しながら支援を行う。この中で重要とされるのは、言葉でのコミュニケーションがなくても代替手段を用いながら、Fさんの意思を確認することであるという。現在は、家族と暮らしてはいるが、JAGのスタッフは、Fさんのひとり暮らしも念頭に置きながら、近い将来は、一人で生活できるように支援していく方向である。Fさんがひとり暮らしという選択をできるように、少しずつさまざまな体験をさせていくことをJAGの支援の方向性としている。

(2) 重度の障害者の地域生活②

Gさん（女性、四〇代）は重度の知的障害と身体障害があり、車椅子を使用しながらアパートでひとり暮らしをしている。Gさんも長年パーソナルアシスタンス・サービスを利用しているが、JAGによるサービスを利用するようになったのは五年前である。それまでは、コミューンからのパーソナルアシスタンス・サービスを利用していた。Gさんの母親HさんもGさんのパーソナルアシスタンスとしてJAGに登録し、派遣してもらっている。現在、母親を含む二人のパーソナルアシスタンスを雇用している。パーソナルアシスタンス及びJAGのスタッフは、Gさんの家族や友人との連絡調整も支援している。Gさんはお菓子やパンを焼いたり、ボウリングに行ったり、音楽を聴くことが好きである。日中活動は、Fさんと同様に、JAGの提供する日中活動部門で、週二日程度、生涯学習の場を提供している学校やカフェでGさんがパーソナルアシスタンスと一緒に焼いた手作りのパンやケーキを販売している（写真6を参照）。また月一回程度、JAGの広報活動として、Fさんと同様に、学校などの教育機関等でパーソナルアシスタンスの必要性やGさん自身の生活についてプレゼンテーションをスタッフと一緒に行っている。

Gさんは感情のコントロールが難しい面もあり、大声で泣くこともある。Gさんの母親でもあり、パーソナルアシスタンスでもあるHさんは、高齢であるが、Gさんのことをよく理解して関わっており、Gさん自身も情緒面で不安定になったときでも、Hさんの声かけにより落ち着いて活動に取り組むことができる。JAGのスタッフも、Gさんの様子について定期的に確認を行ったり、感情のコントロールが不安定になったときは、落ち着いてからGさんの気持ちを聴くなどし、情緒面でのサポートも重視している。

第3節　当事者主体の地域生活支援――共生社会の方向性

地域での生活を基本とするスウェーデンにおいては、障害の程度が重度の場合でも可能な限り自宅で支援を受けながら生活を送っている。そして、当事者の生活スタイルに合わせ、徹底した個別支援を行っているということが見えてくるだろう。ＬＳＳ法成立から二六年以上経過し、地域生活支援、当事者の権利擁護及び意思決定支援の強化に、より一層焦点を当て当事者の社会参加の実現を目指している。

このような地域生活を支える鍵となるのが、スウェーデンにおいては、パーソナルアシスタンスであるともいえる。サービス提供主体として、前述したようにさまざまであるが、スウェーデンの場合はＬＳＳ法により保障されているため、公的なサービスと当事者組織や民間等が提供するサービスの質にそれほどの違いは感じられない。当事者組織が提供する場合であれば、行政に対してサービス改善やＬＳＳ法の改正に働きかけることができるということと、当事者のことをよく理解し、家族や当事者の立場に寄り添った支援が可能というメリットが考えられる。Ｆさんのように、ＪＡＧからパーソナルアシスタンスを五人派遣してもらい、日々の生活を送っているケースは決して珍しくはない。しかし、前述したように、パーソナルアシスタンスの一週間の労働時間は非常に厳格に規定されており、週四〇時間を超えないようになっている。一人のパーソナルアシスタンスが障害者の介護を二四時間行っているわけではない。

Dさんは、コミューンから派遣されているパーソナルアシスタンスを利用しながら、自宅で表6-2のような、ゆったりとした生活を送り、六人のパーソナルアシスタンスが交替で支援している。しかし、その支援の殆どは見守り支援である。パーソナルアシスタンスは福祉機器を適宜使用しながらDさんができることはDさんにしてもらうことにしている。六人のパーソナルアシスタンスの支援の基本方針は、「Dさんができることは手伝わない」ということである。Dさんの状態を観察しながら、持ちやすい食器に変えるなど、少しの工夫でDさん自身ができることを見つける。カードゲームでも、カードを固定する器具を使うことで、Dさんも参加することができる。そのような日常生活を送る中で、Dさんができることを少しずつ増やしていく。

また、JAGによりパーソナルアシスタンス・サービスを受けている重度の障害のあるFさん及びGさんについても同様に、彼女たちの「できること」に着目をしながら、社会や地域と触れ合う居場所を作る。それだけではなく、当事者が作った食べ物を販売することなどにより達成感を感じてもらうことが重要であることがわかる。また、サービス利用に関してサービス提供者の選択やパーソナルアシスタンスを雇用する際の選択、日中活動など、さまざまな日常の場面で当事者自身の「選択」する機会が重視されているといえる。

このように、当事者が主体となり、彼らの「何がしたいか」という希望に即しながら支援を実践している。当事者の意思を聴き、当事者自身が自分の意思を伝えることができる場や機会を設けることが当事者主体の支援に繋がると考えられており、それにより、LSS法に規定されている当事者の意思決定を尊重した支援を具現化しているともいえる。つまり、二四時間、当事者と一緒にいるわけではなく、別室で待機をしながら、例えばDさんであれば、Dさんが支援を必要とする場合に支援をする。だからこそ、パーソナルアシスタンス自身が「仕事での負担感はない」ということが言えるのだと考えられる。パーソナルアシスタンスの役割として、当事者の可能性を見ながら、最小限の支援をすることで、当事者の達成感や満足感に繋げているといえる。

JAGのスタッフは、「障害の程度が重度であろうとも、本人抜きに決めることはできない。彼らには意思があるので、私たちはさまざまな場面で選択の機会を作り、彼らの意思を確認することが大事であると思う」と話していた[7]。また、「私達は、子どものときから自分自身の考えや意見を大切だと考えている。例えば、親同士が話し込んでいるときに、自分の子どもが割り込んできたり、騒いだりしたときに、まずは、子どもに目を向けて、何が言いたいのかを聴くようにする。障害があろうとなかろうと、それが基本ではないか」とも語っていたが、その考え方は支援の根幹でもあるといえるのではないだろうか。時間がかかっても自分でできることは、パーソナルアシスタンスや他の支援者が手伝うことはない。当事者が本当に必要なことのみを手伝うという考え方である。これを可能にするためには、当事者と支援者の関係性の構築や支援者が当事者の可能性を全面的に信頼することが求められる。

■注

1　二〇一六年、筆者が行ったストールフォーシュ・コミューン職員へのインタビュー調査による。

2　スウェーデン西部ヴェルムランド地方の県庁所在地。第5章参照。

3　JAGホームページ：https://jag.se/（検索日：2019/10/15）

4　JAGパンフレット参照。

5　二〇一六年、筆者のイェテボリにおける障害福祉サービスガイド・プロジェクトでのインタビュー調査による。

6　JAGパンフレット参照。

7　二〇一八年のJAGのスタッフへのインタビュー調査による。

第7章

生活保障と生活支援

共生社会の実現に向けて

これまでスウェーデンにおける障害者福祉政策及び具体的な当事者の地域生活の事例を通してみてきた。完璧なものではないが、障害者だからできないというのではなく、当事者と行政がせめぎ合いながらもより良い「社会参加の形」を模索していることはスウェーデンの障害者福祉の特徴といえるのではないだろうか。

本章では、当事者が主体となり、地域で生活していくために、改めて生活保障の考えを提起し、日本における共生社会の実現に向けての課題について述べておきたい。

第1節　保障と支援の関連

地域生活を保障していくためには、基盤となる社会保障を整備していく必要がある。しかし、日本とスウェーデンでは、そもそも社会保障に対する考え方が異なっている。スウェーデンにおいては普遍主義の原則に基づく社会保障制度の整備が進められているが、日本では、社会保障制度といえば社会的・経済的弱者対策という側面が強い。したがって、国民の生活を保障するという考えではなく、一部の限定的な支援というものでしかない[1]。

宮本（2009）は、「（生活保障は）雇用と社会保障をむすびつける言葉である。人々の生活が成り立つためには、一人ひとりが働き続けることができて、また何らかのやむを得ぬ事情で働けなくなったときに、所得が保障され、あるいは再び働くことができるような支援を受けられることが必要である。生活保障とは、雇用と社会保障がうまくかみあって、そのような条件が実現することである。」と位置づけている[2]。

また、井上（2003）は、「社会保障制度は『個々人が一生を通じて安心感を持ちながら自立した生活を送れるよう、人生のあらゆる時点において生じるさまざまなリスク（疾病、障害、出産・育児に伴う負担、失業、所得の減少・喪失、要介護等）に際して、社会全体で支え合うということ』を基本哲学として構築されるべきである。ここでは、国民を『支える側』『支えられる側』に分けて考えるという発想はない。」としている。それが日本においては、「国民を『支える側』『支えられる側』に分断されており、『支えられる側』に属する人々（高齢者、障害者、低所得者等）を社会的・経済的弱者として固定化してとらえる発想につながっている」と指摘している[3]。

このように、保障をするということは普遍的な意味合いが強く、政府の責任の所在が明確化しているといえる。スウェーデンにおいては、これまで確認してきたように、「脱施設」を唱えるならば、まず各コミューンにおいて、障害者の住宅と所得を確保することを前提にしていることがわかる。そして、現在も積極的に障害者のニーズに基づいて住宅を確保し、所得を保障するという政策を掲げている。

スウェーデンの当事者達の言葉や実際の生活を垣間見るとき、当事者が主体的に自分自身の人生を歩んでいることが理解できるのではないだろうか。当事者自身がさまざまな経験を積むことにより、地域での生活を送ることが可能になっている。つまり、安心感をもって生活できる社会を実現しているということがいえる。その根底にあるのが、誰もが安心して生活をする権利があるということとノーマライゼーション原理が、社会に浸透しているということではないかと考える。

障害者の地域での生活を保障していくためには、政府が責任をもって、住宅保障、所得保障の基盤を築いていくことが必要である。障害者福祉政策が、障害者を労働市場での不安定雇用をめぐる競争に巻き込むことを防ぎ、社会的権利と地位を保障することになれば、それが障害者の自立の社会的条件となるのはもちろんのこと、社会保障・社会福祉の水準を引き上げることにもなる。また、社会政策の発展という文脈では、生活の安定や地域における諸活動への主体的な参加を通じた社会的なつながりの構築や社会連帯の形成ももたらすのである[4]。

以上のように、生活を「保障」していくことと「支援」していくこととは、根本的にその発想が異なっている。日本は、いまだに「支援」でしかない。しかし、「支援」だけでは、非常に限られたものであり、障害者本人や家族が安心して生活することができない。生活を「保障」していくことは、対象者を限るということではなく、すべての国民にとって当然の権利なのである。障害者の自立した地域生活を可能にするためには、障害者のニーズに合わせた生活を保障していくことを政府の責務として求めていく必要性があるのではないだろうか。

第2節　当事者主体の地域生活の実現

最後に日本において障害者の地域生活を保障し共生社会を実現していくための課題を、以下の点に絞って確認しておこう。

①当事者の意思決定に基づく支援

障害者を意思のある、主体的な存在として捉えることが重要である。私達は、特にコミュニケーションのとれない重度の障害があると、できない面ばかりを見て、代わりに「やってあげる」ことが良いと思いがちである。日本の重度の障害児・者をみると、圧倒的に社会での経験、選択するという経験が少ないというのが現状である。住む場所にしても、施設しか住む場所を知らなければ、地域での生活を想像することができない。障害のない人は、社会でさまざまな経験をし、選択する機会があるのに、障害により選択場面が圧倒的に制限されてしまう。スウェーデンにおいては、さまざまな経験を通し、選択する機会を重視している。また、その際、言葉によるコミュニケーションが困難な場合でも、前章でも確認したように当事者がコミュニケーション・ツールを使うことにより、意思確認が可能なのである。スウェーデンにおいては、さまざまなツールを活用することにより、当事者の意思を確認する場面が多くなっていると考えられる。言語も異なる移民や難民を受け入れることで、より一層意思決定に基づく支援が重視されるようになったともいえるだろう。

日本では、当事者の意思がいつの間にか支援者の意思にすり替えられてしまう可能性が懸念されているようだが、「言葉で伝えなくても気持ちを察する」ということでは、やはり支援者の意思にすり替えられてしまう可能性はあるだろう。そこに、「重度の障害者は何もわかっていない」という支援者側の考えがないとは言い切れない。

北野（2015a: 164-167）は、意思決定・表明について「①第1原則（エンパワーメント支援の原則）②第2原則（意思表明支援の原則）③第3原則（自己覚知と民主的討議の原則）④第4原則（支援者の見守る自由の原則）という四つの重要な原則を述べている。スウェーデンでは既にこの四つの原則に基づいて実践されていると思われるが、意思決定支援を検討していくにあたり、これらの原則を重視していくことが必要であるといえる。

日本においては「障害福祉サービス等に係る意思決定支援のガイドラインについて」（平成二九年）の中で、意思決定支援の定義等を示しており、障害福祉サービスを利用するにあたって、本人の意思決定が反映された支援計画を作成すること等を地方自治体に通知している。地域移行、共生社会の実現を政府の方針とするのであれば、軽度の障害者だけではなく、重度と言われる障害者も地域社会での生活が可能であること、そのためには、当事者の意思を確認できるようなコミュニケーション・ツールの活用も考慮し、個別に支援していくことが重要である。「できない」から「させない」のではなく、当事者一人ひとりの「何ができるか」を見つけ、支援に繋げていくことが現場の実践には求められる。

②生活保障の整備

地域生活を保障していくには、まず生活の基盤を確保しなければならない。スウェーデンでは、コミューンにおいても障害者の雇用を確保するため、積極的に障害者に職業訓練プログラムを実施している。また各種手当も十分とはいえないというが、障害者のニーズに合うように、必要な手当を受けられるようになっている。そして、障害者が地域で生活していけるように、アパートをコミューンが確保し、コミューンが積極的に住宅の保障を目指している。

一方、日本においては、「地域生活の重視」「共生社会の実現」と言われるものの、現実にはなかなか障害者の実態に即していない状況である。平成二八年の厚生労働省による「生活のしづらさなどに関する調査（全国在宅障害児・者等実態調査）」によれば、一八歳以上～六五歳未満、六五歳以上の障害者手帳所持者等本人の一ヶ月あたりの平均収入は六万以上～九万円未満が最も多い。つまり、ほとんどが障害者年金で生計を維持しているが、一ヶ月あたりの平均収入六万円以上～九万円未満では、地域での独り暮らしは現実的に非常に厳しいことが明白である。地域移行と言いつつ、生活の不安感を、当事者本人も家族も抱えていることがこの調査からも窺える[5]。このような所得保障の不備があって、家族と同居し家族に頼らざるを得ない状況から抜け出せないのである。

地域移行・脱施設は、数字上で見るなら、数年前より進んでいるといえる。障害者総合支援法により、生活介護や就労継続支援等の利用者も増加している。また、グループホーム利用者数も増加傾向にある。しかし、現実的には施設入所者数が減少とは言えず、親なき後を不安に思い、施設入所待機者数も一定数いることがわかる[6]。地域移行を推進するならば、地域におけるサポート体制を整備することが必須である。

スウェーデンでは障害者にまず住宅の確保をすることをコミューンの責任をもって実施している。まだ完璧とはいえない状況であるが、少なくとも実践している過程である。だからこそ、支援の具体的な実践例からみても、地域で生活している障害者は非常にいきいきとして自分の生活を楽しんでいるといえるのではないだろうか。

日本のように家族の元に戻したからといって、それは地域移行ではない。障害者とその家族の安定した暮らしのためには、生活基盤となる所得保障、そして、雇用政策、住宅の確保が課題としてあげられる。家族扶養が前提ではなく、障害者もひとりの人間として当たり前の生活を送るために、生活基盤であるこれらの保障の整備は当然のことであるといえる。「地域生活」を唱えるなら、言葉と内容が伴っていなければならない。言葉だけが先行している現在、実態をよく見て生活の「保障」をしていかないと、いつまでも入所施設か在宅かの二者択一から抜け出すことはできない。

③家族を含めた生活の保障の必要性

安心できる生活を保障していくためには、当事者だけでなく、その家族についても考えていく必要性がある。スウェーデンでは、結婚という形に囚われず多様な結びつきの形を重視していて、子どもは一八歳で独立をするから、家族を重視しているようには見えないと言われることがある。しかし、筆者がスウェーデンに滞在する度に感じることは、非常に家族を大切にしている国民であるということである。この点については、宮本（2009）が指摘している。スウェーデンにおいては、社会保障がさまざまな場面で家族のむすびつきを支えており、スウェーデンの生活保障は、「生きる場」を確保し充実させてきたといえる[7]。筆者の友人も、家族のために仕事を定時で終えて帰宅し、週末は家族と過ごすことを重視していた。家族との時間を制度が保障してくれているといえる。

一方、日本においてはどうだろうか。日本と欧米とでは家族の位置づけが異なることは確かである。日本は家族とのつながりが非常に強いように一見みえるし、実際に強いのだろう。しかし、家族扶養が前提の日本の社会政策の価値観、家族の位置づけにより、家族が問題を抱えこまざるをえない状況に陥る。相談できる相手が少なく、社会資源が極端に不足した中で孤立した状態になり、家族が子どもを殺してしまうということも現実にあるのである[8]。

政府が何を保障しているのかを考えるとき、家族の時間を支えるスウェーデンとは異なり、日本では、あくまでも家族の扶養が前提の家族に社会保障の役割を担わせた政策を展開している。そこには、スウェーデンのような家族そのものを含めた支援という視点が抜けており、親は「親亡き後」のことを考え、不安を感じながらも子どもを介護し、どうしても無理になった場合は「施設」という選択しかない状況である。

児玉（2019：351-352）は、「日本の障害者福祉では、『障害児者一人と、頑健な両親および家族』という家族モデルのみが想定されているが、親も生身の人間として疲れ、病み、老いる身体的脆弱性のほかに、親が抱えうる精神的脆弱性もそこでは埒外に取り残されている。（中略）重い障害のある子どもの母親が時に心を病むのは、ただ介護負担のためというよりも、負担の多い子育てからくる心身のストレスと他の生きづらさとが互いに増幅しあう消耗的な状況に追い詰められるためだと思う。」と課題を指摘している。

また、児玉は、専門職との隔たりや社会の無関心にも言及している。日本においては医療、福祉、教育等の領域で専門職は、障害児・者の家族が関わりすぎることを拒み、専門家に任せてほしいと考えるケースもあるが、家族自身も抱えている自責の念や子どもの幸せを考える親の思いにどこまで気づくことができるかが重要ではないだろうか[9]。

スウェーデンにおいては、社会サービスを「国民の権利」として捉えていることもあって、生まれる前から亡くなるまで何らかの支援を権利として受けることができる。そこには、児玉（2019）が指摘する「社会の無関心」や「専門職の隔たり」を感じ、孤独や生きづらさを抱えこんでしまう日本の現状とは異なるものがある。家族について、血の繋がりだけではなく親密な結びつきを重視しているという点も異なる。また、当事者や家族が、専門職、行政、当事者組織等、何らかの形を通して社会との繋がっているのがスウェーデンであり、子どもとの適度な距離を保つことにより、精神的に支え合うということが可能になっている。

行政の職員やＪＡＧのスタッフも「家族を抜きにして支援は考えられない」と言い、本人の思いと家族の思いを聴き、支援体制を作っている。前章のFさんやGさんも親との繋がりも強く、親と一緒に暮らしていたり、親がパーソナルアシスタンスの一人として支援をしていたりする。どちらの親も高齢になりつつある中で、Fさん、Gさん自身の支援のネットワークの中に組み込まれ、家族に対する見守りや相談も可能にしている。家族を除外するのではなく、家族も当事者の生活を支える一部であり、生身の人間であるということを意識し、繋がりをサポートしていく体制作りこそが必要であると考える。

④生活主体としての視点とネットワーク構築

これまで見てきたように、スウェーデンにおいては、当事者を中心に、行政・専門職・民間・当事者組織などが連携し、生活を支援するネットワークシステムを構築している。それぞれの専門職と連携してひとりの人の生活を保障しているのである。そうすることで、障害者一人ひとりのニーズの実現が可能になっている。

一方、日本においては、社会関係資本の量が多いとはいえない。そのため、家族の不安が大きく、施設での生活しかないと考えてしまう。「支援体制がちゃんとあれば、この子でもグループホームやケアホームで生活できるとは思うんですけど。でも今のところはそんな支援体制もないし、入所施設しかないかなと思っています」という声が、筆者が過去に日本で行ったインタビュー調査[10]

でも聞かれ、家族は、社会関係資本の乏しさ・多様な支援体制の不備を前提に努力せざるをえない現状である。

また、政府・地方自治体のサービスを行う責任を明確化することは重要である。地域生活を推進するならば、単純に施設入所者数を減らしグループホーム等の地域移行者数を増やすことを目的とする計画であってはならない。「在宅か施設か」という二者択一的な問題でもない。すべての人が地域で暮らせるような支援体制の構築が必要なのである。そのためには、社会関係資本を整備し、それらのネットワークシステムを構築することが重要なのである。

そして、本書第5章で示した、「図5-1　Aさんの地域生活支援の実際」のように、障害者を「生活者」として捉える視点を支援者が持つことが重要である。「生活者」を中心とした多機関・多職種との連携が可能となるシステムを構築していかないと、障害者が「生活者」として地域での生活を送ることは可能にならない。地域で生活をするということは、専門職だけではなく、友人や家族、近隣住民などさまざまな人や関係機関を活用していくということである。障害の程度が重度か軽度かに関係なく、障害者を生活の主体であるととらえることが重要であるといえる。何もかもすべて自分ひとりで行うことだけが「自立的な地域生活」ではない。ネットワークシステムや様々な社会関係資本を活用しながら生活することこそ「自立的生活」なのである。

今後、日本においても多様なニーズに見合う資源が必要であり、障害者の個別支援を充足しうる支援体制が求められなければならないが、個々人の自助努力だけでは限界がある。だからこそ、生活者を主体とした支援体制を構築することが必要なのである。

⑤当事者の権利擁護

スウェーデンの権利擁護システムとして、成年後見制度がある。本書第4章においても確認したように、ＬＳＳ法によって、一五歳以下の児童あるいは知的障害者、精神障害者等の権利を保障するため、成年後見人として「Vårdnadshavare」、「God man」、「Förmyndare」、「Förvaltare」の制度が規定されている。四つは類似の制度ではあるが、「Vårdnadshavare」と「Förmyndare」は一八歳未満の児童を対象とし、「God man」と「Förvaltare」は一八歳以上の成人を対象としたものということと、「Förmyndare」と「Förvaltare」の方がより強い権限を持ったものという違いがある（Bergstrand.B.O 2005: 23-24）。「God man」になるには特別な資格はなく、裁判所が適切であると判断し、任命することができる（仲村優一ほか編 1998: 275）。また、第４章及び第６章でみてきたように、差別オンブズマンの役割や当事者組織の役割は大きいといえる。

日本でも権利擁護システムの構築が重視されるようになり、法制度の整備が進められているが、どちらかというと、金銭管理に終始しているように見受けられる。当然、金銭管理は重要ではあるが、それだけですべてが解決するわけではない。生活全体を考えていくことが重要なのであり、障害者の生活に密着した多様なニーズに対応できるよう、幅広い支援が必要である。その際、縦割りではなく、さまざまな社会サービス、行政機関、弁護士、消費者生活センターなどが連携・協働で支援していく仕組みを構築していくべきなのである[11]。

■注

1　井上誠一（2003）, pp82-83.
2　宮本太郎（2009）, p.vi
3　井上誠一（2003）, pp83-85.
4　高林秀明（2008）, p37.
5　厚生労働省（2018）「平成二八年　生活のしづらさなどに関する調査（全国在宅障害児・者等実態調査）」参照。
6　平成二九年東京都第八期障害者推進協議会第二回専門会議資料参照。
7　宮本太郎（2009）, pp102-106.
8　要田洋江（1999）, pp168-173.
9　児玉真美（2019）, pp348-351.
10　家族や障害当事者に対して、二〇〇七年八月に二件、二〇〇八年三月から五月にかけて八件、合計一〇件のインタビュー調査（一件約二時間・場所は自宅または仕事場）を実施した。
11　菊池馨実編（2008）, pp346-347.

終章

スウェーデンの実践から学ぶもの

本書では、当事者の権利に基づく制度の意義を確認しつつ、スウェーデンにおける障害者福祉政策の流れや理念というマクロレベルな視点と、福祉現場での実践や当事者組織の実践などのミクロレベルな視点からトータルに見てきた。そのなかで対人援助において、重視するべき視点として、基盤となる「人間としての尊厳」を忘れてはならないと痛感する。

本章では、第1節で各章における達成点を整理したうえで、今後も重視しておきたい点について述べる。また、第2節で日本における障害者福祉の改善に向けて検討を進めるために、今後探究するべき課題を提示しておきたい。

第1節　各章の到達点と課題

第1章「日本におけるスウェーデン福祉研究の展開」では、日本で行われてきたスウェーデンの社会福祉に関する研究を整理し、時代ごとの研究の変化を跡づけることにより、現在の筆者のスウェーデンの社会福祉研究の位置づけを示すことができた。

日本においては一九六〇年代半ばから本格的にスウェーデンの社会福祉制度や社会保障に関する研究が始まった。一九七〇年代後半から福祉国家に対する批判が大きくなり、スウェーデンと日本はあまりに違いすぎ参考にならないと言われてきた。しかし、少しずつ研究は進められ、一九九〇年頃からスウェーデンにおける社会福祉政策・制度の紹介や分析だけでなく、当事者や現場に焦点を当て、スウェーデンの社会福祉現場の実態を明らかにする研究が始められた。さらに、一九九〇年代後半から二〇〇〇年代にかけては、社会福祉の分野を社会の全体的なシステムに位置づけつつ把握しようとする研究も深められている。そのようなスウェーデン社会福祉研究の流れの中に、社会福祉政策・制度を社会の全体的なシステムに位置づけつつ把握しようとする総合的な研究と、現場で行われている実践、社会福祉の現場での実践に焦点が合わせられた研究の二つの流れを見出すことができたのであり、さらにその流れの中で筆者は研究テーマを設定することができたともいえる。

今後、スウェーデンの障害者福祉政策における政策が、現場や当事者にどのように反映されていくのか、そのためにも、当事者に焦点を当てた研究の分析や報道にも関心を向ける必要性がますます出てくると考えられる。

第2章「二一世紀のスウェーデンの障害者福祉政策の方向性」では、二〇〇〇年にスウェーデン政府が策定した「障害者福祉政策のための国の行動計画」に焦点を当て、スウェーデン政府が確立してきた政策の総括と今後の方向性について概観した。この行動計画は、一九九三年に国連が採択した「障害者の機会均等化に関する基準規則」に基づき、障害者福祉政策のための行動計画を策定したものである。この行動計画は二〇〇〇年から二〇一〇年までの一〇年間で、障害者の完全参加、障害者間の男女平等及び差別のない社会の構築を目指し、そのために、政府が責任を持って公共交通機関、情報、メディア、教育、労働、社会サービス、文化などへの障害者のアクセスを容易にし、彼らの社会参加を保障しようとするものである。アクセシビリティの改善だけでなく、雇用の促進、教育政策における改善、生活支援システムの構築も目標とされており、障害者の社会への完全参加を実現するために、社会福祉の領域だけでなく、教育、労働、文化、情報、公共交通機関等さまざまな領域と連携・協働することを重視しているのである。以上のように、スウェーデン政府の取り組みの成果を総括し、その成果を踏まえて政府が目指す方向性を明らかにできたが、政府は障害者の社会参加をさらに促進させるために、二〇一一年から二〇一六年までの間、一層のアクセシビリティの充実向けて取り組む姿勢であり、今後もスウェーデンの障害者の社会参加に向けての取り組みの動向を把握していかなければならない。

第3章「スウェーデンにおける障害者福祉政策の歴史的展開」では、障害者の完全参加を実現するべく、さらなる取り組みを続けているスウェーデンの障害者福祉政策について、その歴史的展開を検討することを通して、これまでの政策がどのように改善してきたのかを明らかにできた。多くの研究において、これまで明らかにされてきたものではあるが、スウェーデンの障害者福祉を追究する中で不可欠である。また、一朝一夕で福祉国家スウェーデンとして世界に知れ渡ることになったわけではないことの再確認にもなる。

スウェーデン政府が行ってきた障害者福祉政策の歴史的展開を確認すると、初期では、伝統的な医学的概念で「障害」が捉えられ、施設処遇や治療目的の教育が行われ、障害者は非人間的な扱いを受けていた。その後、一九六〇年代から徐々にノーマライゼーション理念が障害者福祉政策に反映されていった。一九七〇年代から一九八〇年代には、パーソナルアシスタンスなどの社会サービスを利用しながら地域での自立生活を実現しようとする試みが見られ、身体障害があっても利用できるように住宅のバリアフリー化が進められた。また一九九〇年代には、障害者福祉政策に大きな改革がみられ、ＬＳＳ法及びＬＡＳＳ法が成立した。それによって障害者は可能な限り社会に統合され、援助を受けながらでも障害のない人と同じ生活を送る権利があることが示されたのである。二〇〇〇年の行動計画でアクセシビリティの改善を示し、二〇〇八年成立の新差別禁止法により、障害者も含めたマイノリティに対するあらゆる差別の禁止が規定された。

さらに、二〇一五年から二〇一六年にかけて、中東での紛争により多くの人々が難民としてヨーロッパに逃れてきた。スウェーデンもその影響を受け、多くの難民を受け入れてきた。その影響もあり、多様な価値観や文化を受け入れようとする動きもある一方、政府の政策も従来の高齢者福祉、障害者福祉、児童福祉のような限られた枠組みではおさまりきらず、新しく難民政策などにも予算を投じなければならなくなった。また、言葉の面での違いもあり、障害者だけではなく、外国籍の人に対する言語の配慮や意思決定支援に力をいれざるを得ないという状況があることもここで述べておきたい。個別支援や障害者を含むマイノリティに対する、平等、社会参加に向けての取り組みや彼らに対する権利についてより強調されるようになっている。時代とともに移り変わっていく政策ではあるが、各時代背景を理解しておくことは今後の日本の政策にとっても重要な点である。

第4章「障害者の権利擁護運動――スウェーデン全国知的障害者協会（ＦＵＢ）の活動」では、スウェーデンの大規模な当事者組織の一つであるスウェーデン全国知的障害者協会（ＦＵＢ）の活動を手がかりに、障害者の権利擁護に向けた課題を検討できた。筆者は二〇一〇年九月にストックホルムのＦＵＢ本部を訪れ、知的障害者の権利擁護を推進するためのＦＵＢの組織や活動について学び、またFUBオンブズマンであるPie Blume（ピーエ　ブルメ）氏にインタビューを実施できたので、それらを基に、知的障害者の生活を保障するために必須である当事者の権利をどのように保障するのかという問題を検討した。そしてFUBが現在どのように活動し、当事者及びその家族を支援して、どのように政府に働きかけているのかについて確認した。当事者の生活を保障するための重要な点として、①当事者や家族、諸機関との連携・協働、②当事者が理解できるような情報の提供、③権利擁護システムの構築、が提示できた。

スウェーデンの障害者福祉政策と当事者組織は常に関連づけていく必要があり、現在もより良い生活の確保、社会参加に向けてあらゆる当事者組織が政府に働きかけている。そのため、今後の動向を継続して注視していくことが必要である。

第5章「障害者の地域生活支援体制の構築に向けて——スウェーデン・カールスタッド・コミューンにおける実践を手がかりに」では、スウェーデン・ヴェルムランド地方カールスタッドの障害者福祉政策の実践を実際の事例を通しながら概観した。カールスタッド・コミューンでは、大規模入所施設を廃止してから、障害者の地域生活支援、特に、住宅支援や日中活動の場の提供という部分に重点を置きながら政策を展開している。当事者一人ひとりの「できること」に着目し、地域での生活の場を保障することを重視した支援を行っていることを提示できた。事例からも窺えるが、一人の人が地域で生活していくためには、さまざまな機関・施設などとの連携や他職種との協働の強化が鍵となる。

地域生活支援体制の中で課題になる点でもあるが、当事者が生活を楽しめるように支援していくことはスウェーデンにおいても課題ではある。地域で生活するということは、多様な生活スタイルや希望が出てくるということであり、一人ひとりのニーズは異なるということを意識していく必要がある。当事者が主体となり、自身の生活を楽しむことを重視していくとき、当事者自身の意思決定支援が重要な鍵となるといえる。

第6章「地域社会における当事者主体の障害者支援システム――スウェーデンのパーソナルアシスタンス制度とその課題」は、スウェーデンにおける地域生活支援の鍵となるパーソナルアシスタンス制度に焦点を当てている。そのサービス提供主体として、コミューン、民間、当事者組織、家族があるが、コミューンと当事者組織に焦点を当て、行政と当事者組織の関係性、そしてそれぞれのサービスを利用する当事者の生活に触れている。それぞれの提供主体からサービスを利用している当事者の生活からも、当事者の生活スタイルに合わせ、徹底した個別支援を行っているということを提示できた。ここからわかるスウェーデンにおける支援の方針は、当事者ができることは手伝わないこと、そして、当事者の「何がしたいのか」という希望に即して行うということである。ここでも重要な鍵となる点は、当事者自身の選択する機会を重視し、当事者の意思決定を尊重するということである。意思決定支援については日本でもさまざまな課題がある。スウェーデンにおいては、パソコンやさまざまなツールを活用しながら、当事者自身が思いを伝えることを重視しているが、一人ひとりの生活スタイルに合った支援を展開していくにあたり意思確認も個別に対応していく必要性が出てくる。その際の対応策については今後追究していく必要がある。

第7章「生活保障と生活支援——共生社会の実現に向けて」では、生活を「保障」していくことと、生活を「支援」していくことの違いを確認し、改めて生活保障の考えを提起できた。日本の限定的な「支援」だけでは、当事者や家族が安心できる環境とはいえない。生活というものは未来へ続くものであるという視点が重要なのである。そのために、①当事者の意思決定に基づく支援、②生活保障の整備、③家族を含めた生活の保障の必要性、④生活主体としての視点とネットワーク構築、⑤当事者の権利擁護、を重要な課題として提示した。そして、今後、日本の障害者福祉の動向に注目していくにあたり、生活保障と生活支援の意味の違いに着目しながら、提示した五つの点について精査していくことが重要となる。

第2節　今後の課題

スウェーデンにおける障害者の生活保障において重要なのは、障害者本人の意思決定支援であるといえる。地域で生活するということは、管理された施設での生活とは異なり、選択肢も増え、今までできなかった経験を積むことができる。そのため、当事者が生活の主体となる。

意思決定支援は、日本においても非常に重要な課題となっている。山下（2020）は、重症心身障害者の地域での生活と意思決定支援の研究の中で、地域生活に根差した意思決定支援の重要性に触れており、「本人の生活に合わせた柔軟な支援・介助体制が保障されてこそであり、地域生活に至るまでの多様で継続した経験の蓄積があってこそ」という見解を述べている[1]。重症心身障害者だけに限らず、すべての障害者に共通するのではないかと考えられるが、「地域生活に至るまでの多様で継続した経験の蓄積」が日本での大きな課題であり、その点がスウェーデンと大きく異なる。「継続した経験の蓄積」のために具体的にどのような方法をとっていくのかを今後、追究していきたい。そこでは、当事者を保護の対象と考えるのではなく、生活の主体であるととらえ、一人の人間として生活する権利を保障していく視点へと変えていくことが鍵となるのではないだろうか。

一方、LSS法により、障害者の地域での生活を保障しているスウェーデンだが、近年は、日本でもよく取り上げられているように、LSS法によるサービスにかかる費用の増加が課題であるとされている。確かに、スウェーデン社会庁が提示している報告書からも、LSS法によるパーソナルアシスタンス制度を利用できる人の枠を、障害の程度がなるべく重度の人に制限するか、パーソナルアシスタンス以外のサービスを利用することで対応している現状があることが窺える。障害の程度が軽度の人には、社会サービス法[2]によるサービスで対応をしたり、複数のパーソナルアシスタンスを雇用することにも制限をかけつつある[3]。ただし、これを「悪」とするのではなく、サービスの質を落とさない方向性を模索しながら、現状に合わせて試行しているという見方もできる。

また、これは、それだけ障害者の社会参加が進み、一人の人間として生活することができるようになった結果ではないかとも思われる。筆者が初めてスウェーデンを訪れた二〇〇四年当時、地域で生活ができるのは、軽度の障害者であるというイメージの方が強かった。重度の障害者は人里離れたグループホームで生活し、入所施設は解体されたといっても、入所施設の小規模化が進んだというくらいにしか見えなかった。それが今では、本書で提示した事例のように、多くの障害者が地域で生活している。権利法として社会に浸透したLSS法と、ノーマライゼーションの考え方が社会の中に溶け込み、対象者をより幅広くとらえた結果であると考えている。LSS法そのものをなくしたり、パーソナルアシスタンス制度を廃止したりすることは行政側も考えてはいない[4]。当事者組織と政府・地方公共団体とで、ときにはせめぎ合いながら、より良い方向性を模索しつつあるといえる。

スウェーデンの障害者福祉政策は、障害者を生活者として捉えた包括的な生活保障であるともいえる。時代の変化、社会情勢により変化を遂げていくであろうスウェーデンの障害者福祉政策の今後の動向を見守りながら、本書では検討が不十分であった、日本における障害者の地域生活を保障していく具体的な方法を、障害者福祉の現場の声を聴き、これからも追究していきたい。

■注

1 山下幸子（2020），pp42-pp54.

2 本書第3章第2節を参照。

3 SverigesRiksdagen（国会）ホームページ：http://www.riksdagen.se/（検索日：2019/10/30）を参照。

4 二〇一六年、筆者が行ったコミューン職員へのインタビュー調査による。

■参考文献・資料一覧

朝日新聞「患者を生きる」（2007/10/30-2007/11/4）

Attityd i Karlstad AB（2013）*KBU LSS 2013 : Totalrapport.*

石原孝二ほか編（2016）『精神医学と当事者』東京大学出版会

井上誠一（2003）『高福祉・高負担国家スウェーデンの分析――二一世紀型社会保障のヒント』中央法規

一番ヶ瀬康子ほか（1966）「スウェーデン社会福祉発達史素描」『季刊社会保障研究』第２巻第２号

一番ヶ瀬康子ほか（1968）『スウェーデンの社会福祉』全国社会福祉協議会

Independent Living Institute（ＩＬＩ）ホームページ（検索日：2011/8/11） http://www.independentliving.org/

上野千鶴子（2011）『ケアの社会学――当事者主権の福祉社会へ』太田出版

ＳＣＢ（スウェーデン統計局）ホームページ（検索日：2019/10/15）https://www.scb.se

エスピン‐アンデルセン、Ｇ／岡沢憲芙ほか監訳（2001）『福祉資本主義の三つの世界――比較福祉国家の理論と動態』ミネルヴァ書房

ＦＵＢホームページ（検索日：2019/11/7）http://www/fub.se/

ＭＦＤ（Myndiget för delaktighet）ホームページ（検索日：2020/1/4）https://www/mfd.se/

エルメル、Åほか編／清原舞訳（2010）「スウェーデンの社会政策第６章「社会サービスとそれに関連するケアとサービス」」『桃山学院大学社会学論集』第44巻第１号、桃山学院大学総合研究所

岡沢憲芙（1991）『スウェーデンの挑戦』岩波新書

岡沢憲芙（2009）『スウェーデンの政治――実験国家の合意形成型政治』東京大学出版会
岡沢憲芙・斉藤弥生編著（2016）『スウェーデン・モデル――グローバリゼーション・揺らぎ・挑戦』彩流社
奥野英子ほか編（2007）『生活支援の障害福祉学』明石書店
岡部耕典編（2017）『パーソナルアシスタンス――障害者権利条約時代の新・システムへ』生活書院
奥村芳孝（2005）『スウェーデンの高齢者・障害者ケア入門』筒井書房
小野寺百合子（1981）「スウェーデンの老人福祉――平等政策の一環として」『季刊社会保障研究』第17巻第3号
小野寺百合子（1972）「スウェーデンのホームヘルパー制度」『季刊社会保障研究』第7巻第4号
Olov Andersson（2006）*FUB-epoken Rickard Sterner 1956-1978*. Riksförbundet FUB.
加来祥男（1994）「エルバーフェルト制度1853-1861年」北海道大学『経済学研究』第43巻第4号、北海道大学大学院経済学研究科
河東田博（1992）『スウェーデンの知的しょうがい者とノーマライゼーション――当事者参加・参画の論理』現代書館
河東田博監修（2006）『福祉先進国に学ぶしょうがい者政策と当事者参画――地域移行、本人支援、地域生活支援国際フォーラムからのメッセージ』現代書館
河東田博編（2007）『福祉先進国における脱施設化と地域生活支援』現代書館
河東田博（2009）「スウェーデンの新差別禁止法――スウェーデン滞在を終えて」『立教大学社会福祉ニュース』第29号、立教大学社会福祉研究所
河東田博（2013）『脱施設化と地域生活支援――スウェーデンと日本』現代書館
Karlstad Kommun（カールスタッド・コミューン）ホームページ（検索日：2019/9/13）https://karlstad.se/
川口弘（1974）『福祉国家の光と影』日本経済評論社

菊池馨実編（2008）『自立支援と社会保障――主体性を尊重する福祉、医療、所得保障を求めて』日本加除出版
木口恵美子（2014a）「自己決定支援と意思決定支援――国連障害者の権利条約と日本の制度における「意思決定支援」」『東洋大学福祉社会開発研究』6号
木口恵美子（2014b）『知的障害者の自己決定支援――支援を受けた意思決定の法制度と実践』筒井書房
北野誠一（2015a）『ケアからエンパワーメントへ――人を支援することは意思決定を支援すること』ミネルヴァ書房
北野誠一（2015b）「差別解消法とコミュニケーション等支援」『ノーマライゼーション　障害者の福祉』10月号（第35巻第10号）、教宣文化社
清原舞（2009）「障害者の生活保障と生活支援――スウェーデンのコミューンでの事例研究に基づいて」桃山学院大学『社会学論集』第43巻第1号、桃山学院大学総合研究所
清原舞（2010）「日本におけるスウェーデン福祉研究」桃山学院大学『社会学論集』第43巻第2号、桃山学院大学総合研究所
清原舞（2011a）「知的障害者の権利擁護――スウェーデン全国知的障害者協会（ＦＵＢ）の活動を手がかりに」桃山学院大学『社会学論集』第44巻第2号、桃山学院大学総合研究所
清原舞（2011b）「21世紀の障害者福祉政策の方向性――２０００年の行動計画とその総括」桃山学院大学『社会学論集』第45巻第1号、桃山学院大学総合研究所
清原舞（2012）「身体障害者福祉政策の歴史的展開」桃山学院大学『社会学論集』第45巻第2号、桃山学院大学総合研究所
清原舞（2016）「障害者の地域生活支援体制の構築に向けて――スウェーデン・カールスタッド・コミューンにおける実践を手がかりに」桃山学院大学『社会学論集』第49巻第2号、桃山学院大学総合研究所
清原舞（2018）「地域社会における当事者主体の障害者支援システム――スウェーデンのパーソナルアシスタン

ス制度とその課題」桃山学院大学『社会学論集』第51巻第2号、桃山学院大学総合研究所
清原舞（2020）「重度障害者の地域生活支援の方向性――ＪＡＧによる当事者主体の活動を手がかりに」桃山学院大学『社会学論集』第53巻第2号、桃山学院大学総合研究所
グリュネバルド、Ｋ［述］／ラニンガー、Ｇほか／田代幹康訳（2007）『スウェーデン・ノーマライゼーションへの道――知的障害者福祉とカール・グリュネバルド』現代書館
訓覇法子（1991）『スウェーデン人はいま幸せか』日本放送出版
訓覇法子（1997）『現地から伝えるスウェーデンの高齢者ケア――高齢者を支える民主主義の土壌』自治体出版
公共職業安定所（Arbetsförmedlingen）ホームページ（検索日：2019/11/19）http://www.arbetsformedlingen.se/
厚生労働省（2009）「障害者の福祉サービスの利用の仕組みに係る国際比較に関する調査研究事業報告書」『H20度障害者保健福祉事業（障害者自立支援調査研究プロジェクト）』（財）日本障害者リハビリテーション協会
厚生労働省（2017）「障害福祉サービスの利用等にあたっての意思決定支援ガイドラインについて」
厚生労働省（2018）「平成二八年生活のしづらさなどに関する調査（全国在宅障害児・者等実態調査）」
児玉真美（2019）『殺す親　殺させられる親――重い障害のある人の親の立場で考える尊厳死・意思決定・地域移行』生活書院
国立特別支援教育庁ホームページ(Specialpedagogiska Skolmyndigheten（ＳＰＳＭ）（検索日：2019/10/21）:http://www.spsm.se/
齋藤純一ほか編（2011）『社会保障と福祉国家のゆくえ』ナカニシヤ出版
斉藤弥生・山井和則（1994）『スウェーデン発高齢社会と地方分権――福祉の主役は市町村』ミネルヴァ書房
差別オンブズマン（ＤＯ）ホームページ（検索日：2011/9/01）http://www.do.se/

サムハル（Samhall AB）ホームページ（検索日：2011/6/3）http://www.samhall.se/
猿田正機編著（2005）『日本におけるスウェーデン研究』ミネルヴァ書房
「施設改革と自己決定」編集委員会編（2000）『スウェーデンからの報告――施設、地域生活、当事者活動』筒井書房
柴田洋弥ほか（1992）『知的障害をもつ人の自己決定を支える――スウェーデン・ノーマリゼーションのあゆみ』大揚社
社会保障研究所（1987）『スウェーデンの社会保障』東京大学出版
社団法人スウェーデン社会研究所編（1981）『スウェーデンの社会政策』成文堂
週刊東洋経済（2008）『特集・「北欧」はここまでやる。』第６１２０号、東洋経済新報社
障害者生活支援システム研究会編（2002）『障害者福祉改革への提言――地域と施設の支援システムをつくる』かもがわ出版
障害者生活支援システム研究会編（2006）『障害者のくらしはまもれるか――検証・障害者自立支援法』かもがわ出版
スウェーデン議会ホームページ（検索日：2020/3/15）https://www.riksdagen.se/
スウェーデン政府ホームページ（検索日：2020/3/15）https://www.regeringen.se/.se
スウェーデン社会研究所編（1971）『スウェーデン――自由と福祉の国』芸林書房
スウェーデンの法律検索サイト（検索日：2011/9/19）http://www.notisum.se/
ストールフォーシュ・コーミューン（Storfors kommun）ホームページ（検索日：2019/7/28）https://storfors.se/
Socialstyrelsen（スウェーデン社会庁）ホームページ（検索日：2015/5/25）：http://www.socialstyrelsen.se/
SocialStyrelesen（2006）Swedish disability policy: functional impairments.

SocialStyrelesen（2009）*Att följa öevnadsförhållanden för personer med funktionsnedsättning;Slutrapport.*
Socialstyrelsen（2015）*Personer med funktionsnedsättning : insatser enligt LSS år 2014.*
Socialstyrelsen（2016）*Insatser och Stöd till Personer med Funktionsnedsättning.*
Sveriges officiella statistic（2017）*Socialtjänst, publiceringsår 2016.* Socialstyrelsen.
ソルナ（Solna）市ホームページ（検索日：2011/8/21）http://www.solna.se/sv/stadsbyggnad-trafik/stadsmiljo/kulturmiljoer-i-solna/karolinska-sjukhuset/eugeniahemmet/
高岡望（2011）『日本はスウェーデンになるべきか』ＰＨＰ新書
高島昌二（1997）『スウェーデンの家族・福祉・国家』ミネルヴァ書房
高島昌二（2001）『スウェーデンの社会福祉』ミネルヴァ書房
高島昌二（2007）『スウェーデン社会福祉入門――スウェーデンの福祉と社会を理解するために』晃洋書房
高林秀明（2008）『障害者・家族の生活問題――社会福祉の取り組む課題とは』ミネルヴァ書房
竹端寛（2013）『権利擁護が支援を変える――セルフアドボカシーから虐待防止まで』現代書館
土屋葉（2002）『障害者家族を生きる』勁草書房
寺本晃久ほか（2012）『良い支援？――知的障害／自閉の人たちの自立生活と支援』生活書院
東京都（2017）「第八期障害者推進協議会第２回専門会議資料」
富永健一（2001）『社会変動の中の福祉国家』中公新書
外山義（1990）『クリッパンの老人たち――スウェーデンの高齢者ケア』ドメス出版
中西正司・上野千鶴子（2003）『当事者主権』岩波新書
内閣府ホームページ（検索日：2019/10/14）https://www.cao.go.jp
長瀬修ほか編（2012）『障害者の権利条約と日本――概要と展望』生活書院
仲村優一ほか編（1998）世界の社会福祉――スウェーデン・フィンランド』旬報社

ニィリエ、B／河東田博ほか訳編（1998）『ノーマライゼーションの原理——普遍化と社会変革を求めて』現代書館

二文字理明編訳（1998）『スウェーデンの障害者政策［法律・報告書］——二一世紀への福祉改革の思想』現代書館

二文字理明ほか（2000）『福祉国家の優生思想——スウェーデン発強制不妊手術報道』明石書店

二文字理明編（2002）『スウェーデンにみる個性重視社会——生活のセーフティネット』桜井書店

花村春樹（1994）『「ノーマリゼーションの父」N・E・バンク－ミケルセン——その生涯と思想』ミネルヴァ書房

馬場寛ほか訳編（1997）『スウェーデンの社会サービス法／LSS法』樹芸書房

ヴィンルンド、G／吉川かおり監修（2009）『スウェーデンにおける自立支援1　重度知的障害のある人と知的援助機器——自立の原点を探る』大揚社

Föreningen JAG（2013）*JAG ÄR MED! Om personlig assistans och barns delaktighet i familjeaktiviteter.*

Bergstrand.B.O（2005）*LSS och LASS: stöd och service till vissa.*

Funktionshindrade（2005）*Bokförlaget Kommunlitteratur.*

藤岡純一編（1993）『スウェーデンの生活者社会——地方自治と生活の権利』青木書店

Brattgard、Sven-Olof ほか／奥田英子訳（1974）「スウェーデンのコミュニティーにおける重度障害者の住居対策」『リハビリテーション研究』第15号、日本障害者リハビリテーション協会

細川瑞子（2007）『知的障害者の成年後見の原理——「自己決定と保護」から新たな関係の構築へ』信山社

Magnus Tideman.ed.（2000）*Persktiv På Fuktionshinder & Handikapp,* Studentlitteratur.

Maria Sundström（2010）*Med rätt att bestämma.* Luleå tekniska universitetet.

毎日新聞「旧優生保護法を問う　スウェーデン、手術2万人『福祉国家』も強制不妊　男性『人生戻らない』」

（2018/4/16）
松端克文（2003）「障害者グループホームの政策および実践に関する研究」『桃山学院大学総合研究所紀要』第29巻第1号、桃山学院大学総合研究所
松端克文（2007）「障害者自立支援法の衝撃――障害者福祉はどうなるのか」『桃山学院大学総合研究所紀要』第32巻第2号、桃山学院大学総合研究所
丸尾直美ほか編（1999）『先進諸国の社会保障5　スウェーデン』東京大学出版会
宮本太郎（2009）『生活保障――排除しない社会へ』岩波新書
百瀬優（2004）「スウェーデンの障害年金改革について」『早稲田大学商学研究科紀要第58巻』
百瀬優（2006）「欧米諸国における障害給付金改革――障害年金を中心に」『大原社会問題研究所雑誌』No.570、法政大学大原社会問題研究所
JAG（2018）パンフレット
JAGホームページ（検索日：2019/10/15）https://jag.se/
山下幸子（2020）「重症心身障害者の地域での生活と意思決定支援――生活支援と意思決定支援の構造に着目して」『社会福祉学』Vol. 60-4、日本社会福祉学会
要田洋江（1999）『障害者差別の社会学――ジェンダー・家族・国家』岩波書店
渡辺博明（2002）「スウェーデン社会保障研究の動向」『大原社会問題研究所雑誌 No.518』法政大学大原社会問題研究所
ラーション、Jほか著／河東田博ほか訳編（2000）『スウェーデンにおける施設解体――地域で自分らしく生きる』現代書館
Ratzka.A.D（2003）*Independent Living in Sweden.*（Internet publication URL: www.independentliving.org/docs6/ratzka200302b.html.）

ラッカ、A・D／河東田博ほか訳（1991）『スウェーデンにおける自立生活とパーソナル・アシスタンス――当事者管理の論理』現代書館

Regering（2017）*Prop. 2016/17:188 Nationellt mål och inriktning för funktionshinderspolitiken.*

Regerings Skrivelse（2009）*Uppfölning av den nationella handlingsplanen för handikappolitiken och grunden för en strategi framåt.*

Lots för barn och vuxna med fuktionsnedsättning 資料（2016）Göteborgs stad.

謝辞——あとがきにかえて

本書は、桃山学院大学大学院博士学位論文「スウェーデンの障害者福祉——政策・運動・実践」を再構成し、私の約一五年にわたるスウェーデンの障害者福祉の現状と課題研究の集大成としたものです。本書を通して、スウェーデン政府の試行をわずかでも垣間見ることができるのであれば、そして私たちにも達成可能であるということとその方法をともに皆さんと考えるきっかけとなれば幸いです。

私にとっては一年間の留学生活でしたが、一五年経った今も忘れることはできない、刺激的で楽しいものでした。日本では常に時間に追われ、生活を愉しむこと、人との出会いを大切にすること、そして、さりげないやさしさを忘れてしまうことが多く、スウェーデンの人々を通して人として生きていく中で忘れてはならないものであると気づかされました。

本書を通して、いまいちど、人としての豊かなくらしとはどういうことなのか考えていく機会になればと思います。少なくとも、私はスウェーデンを訪れるたびに、幸福な気持ちになり、生き返ります。季節限定のお菓子を探したり、同年代の友人に会って時間を忘れて話したり、何でもないfika（お茶の時間）を楽しんだり、そんな些細なことでも生きていることを実感できるのです。

最後になりましたが、本書を執筆するにあたり、まず、博士学位論文の指導をしてくださった恩師である桃山学院大学社会学部宮本孝二名誉教授には、細部に至るまで丁寧にご指導・ご助言をしていただき深く感謝申し上げます。また、スウェーデンでの現地調査等に協力してくださったカールスタッド大学関係者及び当事者組織・コミューンのスタッフ、スウェーデンの現状を教えてくださった当事者や家族の方に深く感謝申し上げます。そして、今回の出版にあたり、昨今の厳しい出版情勢であるにもかかわらず、生活書院・髙橋淳様には大変お世話になりました。心よりお礼申し上げます。Tack så mycket.

なお、本書は、「茨城キリスト教大学研究業績出版助成金」を得て刊行されたものであることを加筆させていただきます。研究支援をしていただいたこと、厚くお礼申し上げます。

二〇二〇年八月

清原　舞

本書のテキストデータを提供いたします

本書をご購入いただいた方のうち、視覚障害、肢体不自由などの理由で書字へのアクセスが困難な方に本書のテキストデータを提供いたします。希望される方は、以下の方法にしたがってお申し込みください。

◎データの提供形式＝CD-R、フロッピーディスク、メールによるファイル添付（メールアドレスをお知らせください）。

◎データの提供形式・お名前・ご住所を明記した用紙、返信用封筒、下の引換券（コピー不可）および200円切手（メールによるファイル添付をご希望の場合不要）を同封のうえ弊社までお送りください。

●本書内容の複製は点訳・音訳データなど視覚障害の方のための利用に限り認めます。内容の改変や流用、転載、その他営利を目的とした利用はお断りします。

◎あて先
〒160-0008
東京都新宿区四谷三栄町6-5 木原ビル303
生活書院編集部　テキストデータ係

キリトリ線

【引換券】
スウェーデンにおける
障害者の生活保障

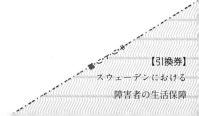

著者紹介

清原　舞（きよはら　まい）

1981年生まれ。

桃山学院大学社会学部社会福祉学科卒業、桃山学院大学大学院社会学研究科応用社会学専攻博士後期課程修了。博士（社会学）。現在、茨城キリスト教大学生活科学部心理福祉学科助教。2005年から2006年、スウェーデン・ヴェクショー大学（現リンネ大学）に留学。

主要著書に、『新・はじめて学ぶ社会福祉3　障害者福祉論』（共著、2017年、ミネルヴァ書房）、『パーソナルアシスタンス――障害者権利条約時代の新・支援システム』（共著、2017年、生活書院）、論文に、「重度障害者の地域生活支援の方向性――JAGによる当事者主体の活動を手がかりに」（桃山学院大学『社会学論集』第53巻第2号、2020年）など。

スウェーデンにおける障害者の生活保障
――政策・運動・実践

発　行―――― 2020年10月15日　初版第1刷発行

著　者―――― 清原　舞

発行者―――― 髙橋　淳

発行所―――― 株式会社　生活書院

〒160-0008
東京都新宿区四谷三栄町6-5 木原ビル303
ＴＥＬ 03-3226-1203
ＦＡＸ 03-3226-1204
振替 00170-0-649766
http://www.seikatsushoin.com

印刷・製本―― 株式会社シナノ

Printed in Japan

ISBN 978-4-86500-115-0